나는 5년 후에
퇴사하고 싶다

40대부터 준비하는 50대 퇴직 라이프 플랜
나는 5년 후에 퇴사하고 싶다

초판 1쇄 인쇄 2018년 1월 20일
초판 1쇄 발행 2018년 1월 26일

지은이 지민

발행인 백유미 조영석

발행처 (주)라온아시아
주소 서울시 서초구 효령로 34길 4, 프린스효령빌딩 5F

등록 2016년 7월 5일 제 2016-000141호
전화 070-7600-8230 **팩스** 070-4754-2473

값 14,000**원**
ISBN 979-11-962566-3-0 03320

이 도서의 국립중앙도서관 출판시도서목록(CIP)은 서지정보유통지원시스템 홈페이지(http://seoi.nl.go.kr)와 국가자료공동목록시스템(http://www.nl.go.kr/kolisnet)에서 이용하실 수 있습니다.
(CIP제어번호 : CIP2017033542)

나는 5년 후에 퇴사하고 싶다

지민 지음

RAON
BOOK

들어가며

퇴직 후 당신을 기다리는 새로운 인생을 응원하며

처음 이 책을 쓰기 시작할 무렵 최저임금 인상으로 대한민국이 떠들썩했다. 대통령이 임기 내에 시급 1만 원의 공약 이행을 위해 2018년부터 최저임금 16% 인상을 결정했기 때문이다. 불황이라고 난리인데 최저임금 인상이 살림살이에 미칠 영향을 예측하느라 저마다 분주한 가운데 나는 머리가 복잡해졌다.

진짜 문제는 장기 불황이 이어지는 가운데 인공지능, 사물인터넷의 발달로 일자리가 빠른 속도로 줄어들 것이라는 사실이다. 더 큰 문제는 그에 대한 대책도 없다는 것이다. 일자리 자체가 줄어드는데 최저임금이 중요한 문제일까? 일자리를 잃은 사람은 그전보다 주머니 사정이 가벼워져 같은 값의 물건 앞에서도 선뜻 구매를 결정하기 어려워질 것이고, 국가에 세금 낼 사람이 줄어들면 연금이나 공무원 인건비에도 영향이 미치지 않을까? 최저임금이 높아져도 먹고살기 어려운 현실은 크게 달라지지 않을 것이라고 생각한다.

사는 게 팍팍하니 결혼하고 아이 낳기도 겁난다고 한다. 그에 비해 100세 시대를 넘어 120세 시대가 도래한다고 하니 저출산, 고령화 문제는 이제 먼 나라 이야기가 아니라 우리 가정이 안고 가야 할 현실이 되었다. 죽으라 대학 졸업시켜놨더니 서른이 넘을 때까지 취직 준비만 하는 막내, 마흔이 다 될 때까지 학자금 대출 갚다가 혼기를 놓치고 비혼을 선언한 첫째, 40대 중반에 회사에서 밀려나 계획에 없는 창업을 준비하고 있는 삼촌, 50대 초반에 예상보다 일찍 직장을 잃은 아버지…. 이것이 평범한 가족이 처하고 있는 현실이다.

취직하자마자 퇴직을 걱정해야 하는 시대가 온 것이다. 그러나 안타깝게도 우리에게 '퇴직'을 제대로 준비하고 맞는 법을 알려주는 곳이 있는가? 인생 2막을 아름답게 맞을 수 있는 법을 가르쳐주는 학교나 선생이 있다면 얼마나 좋을까? 나는 이러한 의문과 소망을 품고 곧 돌아올 여러분의 퇴직을 돕고자 이 책을 쓰기 시작했다.

나는 남다른 성공 경험을 한 특별한 사람이 아니다. 나도 방황하는 20대를 거쳐보았고 30대에는 눈치 보며 사회생활을 배웠다. 우연히 몇 번 사업에도 뛰어들었지만 결과가 좋지 않았던 때가 더 많았다. 하지만 내가 자신할 수 있는 것은 남보다 조금 일찍 시작했고, 조금 일찍 망해보았기 때문에 지금처럼 인생 2막을 남보다 수월하게 넘고 있다는 것이다. 그래서 나는 어리석을 만큼 치열하게 살아본 끝에 중년 이후의 여유 있는 행복도 느낄 수 있는 사람이 되었다. 환갑을 코앞에 두고 크게 속 썩이지 않는 자식들과 나를 믿어주는 아내가 곁에 있다는 것이 자랑스럽다. 남에게 아쉬운 소리 하지 않고 살아도 되는 지금의 현실이 감사하다. 매일 출근하지 않아도 다음 달 생활비를 걱정하지 않는 나를 스스로 조금 기특하게 생각하고 싶다.

우여곡절 끝에 맞이한 내 삶의 안정과 잔잔한 행복감이 과연 옳은 것인지 많이 생각해보았다. 그러나 "퇴직하고 뭐 먹고 살지?" "퇴직하면 할 게 없잖아?" "나이 들고 일이 없으면 가까운 사람부터 나를 무시하지 않을까?" 이런저런 고민으로 매일 나를 찾는 내 친구, 친지와 그 밖에도 건너건너 나를 찾아 의견을 구하는 사람들의 고민과 해결 방법에는 몇 가지 공통점이 있다는 것을 발견하고 책을 쓰는 데 용기를 내기 시작했다.

1장에서는 퇴직 후의 삶을 왜 제대로 준비해야 하는지에 대해 정리했다. 2장에서는 40~50대에 체력을 다져야 그 이후를 준비할 수 있음을 강조했다. 퇴직 5년 전부터 소극적이고 나약한 방법이 아닌 적극적이고 강인한 의지를 갖추고 행해야 할 구체적 방법도 덧붙였다. 3장에서는 시간을 전략적으로 경영하여 내 인생의 주인이 되는 방법을 설명했다. 4장에서는 사회 인맥을 사업 인맥으로 전환하여 많은 사람과 긴밀하고 행복한 관계를 맺는 나만의 네트워크 관리 노하우를 공개했다. 5장에서는 퇴직 후 창조적 인재로 재탄생할 수 있는 지식 관리 방법을 이야기했다. 끝으로 6장에서는 인생 2막에서 현명한 지혜를 겸비한 인재가 되기 위한 마인드 관리에 관해 이야기했다.

나이 '마흔' 혹은 '오십'이 너무 늦었다고 말하는 사람들이 있다. 하지만 인생 120세까지 산다면 겨우 절반도 살지 않았다. 설사 지금 몇 골을 먹었다고 해도 만회할 시간과 기회는 충분하다. 지난 시간이 잘못되었다고 해도 실망할 필요가 없다. 나는 여러분이 지금부터 다시 시작하는 마음으로 자신을 단련하고 차별화된 자신만의 인생 전략을 짜는 데 있어 친구가 되고 싶다.

이 책을 쓰기 시작하고 마치기까지 많은 이의 소중함을 다시 한 번 느끼게 되었다. 언제나 당당함을 잃지 않는 명호, 예쁜 모습에 어리광이 특기인 서연, 이제는 제법 엄마도 챙기는 막내 서정, 그리고 이 책을 쓰는 동안 언제나 곁에서 묵묵히 든든한 후원군이 되어준 사랑하는 아내 이미경에게 고맙고 사랑한다고 전하고 싶다.

2018년 1월

지민

차례

4장 5년 후 퇴직을 위한 인맥 관리

5장 5년 후 퇴직을 위한 지식 관리

6장 5년 후 퇴직을 위한 마인드 관리

1장

지금부터 5년 후
퇴직을 준비하라

120세 시대,
장수는 악몽이 아니라 희망이다

⚓ 단절적 변화 앞에 선 중년 ⚓

영국 옥스퍼드대학 교수 칼 프레이와 마이클 오스본은 2013년 700여 개의 직업을 분석한 「고용의 미래: 우리의 일자리는 컴퓨터화에 얼마나 민감한가」라는 연구보고서를 발표했다. 이 보고서에 의하면 미국의 702개 직업 가운데 47%가 컴퓨터화 가능성이 높은 고위험 직군에 속한다. 20년 안에 절반 이상의 일자리가 사라진다는 것이다. 그중에는 선망의 직업으로 꼽히는 의사, 변호사, 판사, 세무사, 회계사, 아나운서 등의 일자리가 다수 포함되어 있다. 또한 일반적인 직업인 회사 사무원, 증권사 직원, 요리사, 부동산 중개인도 위험 직군으로 분류되었다. 열악한 근무 환경에 있는 배달원, 미화원, 운전기사 등도 사라질 확률이 높은 직업으로 구분되었다. 쉽게 말해 지금 우리의 눈앞에 익숙하게 보이는 직업은 거의 사라질 운명이라는 분석이다.

사물인터넷IoT과 인공지능AI의 등장은 과거 산업혁명과는 전혀 다른 양상으로 우리 곁에 다가왔다. 자율주행 자동차의 등장이 대표적이다. 거리에서 운전자 없는 차량을 쉽게 마주할 시대가 얼마 남지 않은 듯하다. 영어로 셀프 드라이빙 카Self Driving Car로 불리는 자율주행 자동차는 엄청난 변화를 몰고 올 것이다. 아마 자동차가 발명될 때보다 파장이 더 클 것이라 생각한다. 또한 인공지능은 어떤가?

앞으로 노동력을 팔아서 먹고살기가 점점 팍팍해질 것이라 보인다. 4차 산업혁명의 전개에 따라 새로 생기는 직업군보다는 사라지는 직업군이 훨씬 더 많을 것으로 예측된다. 즉 4차 산업혁명이 제대로 판단하고 준비한 사람에게는 무한한 성장의 기회가 될 것이지만 그렇지 못한 수많은 사람들에게 좌절을 안겨줄 수도 있다는 뜻이다. 이 중에는 하루아침에 직장을 잃고 가장이 붕괴되고 노숙자로 전락하는 비참한 일을 겪는 이도 나올 것이다.

우리 선배 세대들은 험난한 보릿고개를 넘으며 빈곤의 시대를 살았다. 하지만 이들은 우리나라 경제성장의 기틀을 만든 세대다. 이들은 "태어날 때 제 수저는 입에 물고 나온다"는 어른들의 말씀처럼 형제자매 간에 돌보며 스스로 성장하다시피 했다. 어린 언니가 더 어린 동생을 업어 키웠고 어린 형은 더 어린 동생을 돌보며 자랐다. 의무교육은 '국민학교(지금의 초등학교)'까지였다. 이 과정을 마치면 가난한 집 아이들은 돈을 벌기 위해 공장에 취업했다. 형편이 나은 집 아이들은 중학교, 고등학교로 진학했다. 그렇게 청년이 되면 대학생이든 직장인이든 군대를 갔다. 제대 후에 학생들은 복학했고, 직장인은 선택의 기로에서 고민하기도 했다.

전체적으로는 일할 사람이 부족했기에 취업 그 자체보다는 더 좋은 직장을 찾는 게 고민거리였다. 그렇게 직장을 선택해서 열심히 일하다가 나이가 차면 혼인을 했다. 부모님과 형제들이 달달 볶는 바람에 연애든 중매든 선택해야 했다. 보통 30세 전에는 가정을 이루었다. 그러다 보면 아이가 태어나고, 어느새 훌쩍 자란다. 입학식이며 졸업식 때 짜장면을 몇 번 사줬다 싶으면 어느새 아들이 군대 간다고 큰절을 올린다. 또 그렇게 몇 년을 지내다 보면 결혼식 축의금을 셀 때가 온다. 그러다 금세 자식들이 "잘 키워주셔 고맙다"며 환갑잔치를 열어준다. 손주들 재롱이 즐겁고 편안할 때면 졸린다. 눈 뜨는 일조차 귀찮고 힘들어질 때면 영원한 휴식에 들어간다. 이것이 우리 선배 세대들의 전형적인 삶의 경로였다.

하지만 지금은 다르다. 죽고 싶어도 마음대로 못 죽는다. 돈이 없어 치료를 받지 못하고 죽는 사람이 나오면 '복지 사각지대', '국가가 죽였다' 등의 말로 인터넷과 언론이 떠들썩할 것이다. 굶어 죽는 사람이 있다면 어떨까? 훨씬 더 시끄럽지 않을까. 그 동네 주민센터 동장과 사회복지 담당자는 자리 보존이 위태로울 지경일 것이다. 어쨌든 우리 사회가 사람이 죽도록 내버려두지 않는다.

⚓ 오래 살기보다는 잘살아야 한다 ⚓

과학기술의 비약적 발전으로 현대인의 수명이 급격히 늘어났다. 그런데 이러한 발전은 무한한 가능성과 함께 부정적 파장 또한 예측할 수 없다. 첨단 과학은 인간 생체의 모든 정보를 담은 유전자 지도를 완성했다. 이는 인간이 신의 영역에 들어간 것으로 해석할 수도 있다. 유전자 혁명으로 불리는 기술 진보로 오랜 숙원인 난치병을 치료하고 자기 몸의 미래까지 디자인하게 되었다. 이런 발전이라면 머지않은 미래에 인간이 평생 아프지 않고 사는 것도 꿈꿀 수 있을 것이다.

요컨대 죽지 않고 상당히 오래도록 사는 시대가 왔다. 그러나 직업을 갖고 활동할 수 있는 기간은 점점 짧아지고 있다. 이것이 답답하기 짝이 없다. 어마어마하게 오래 사는데, 그 삶을 꾸려갈 돈이 없다면 어떨까? 이야말로 불행한 노년이 아니겠는가.

요즘 나는 유전자 검사를 받으라는 제안을 자주 받는다. 저렴한 비용으로 게놈 지도를 만들 수 있으니 검사를 받으라는 것이다. 그럴 때면 마음이 혹하기도 한다. 이 검사를 받으면 내 몸의 구조를 알 수 있고 나아가 질병을 예측해 미리 조치해가며 살 수 있다는 말에 솔깃해진다. 돈과 시간만 있다면 하지 않을 이유가 없어 보인다. 하지만 나는 단호하게 거절했다. 건강하게 오래 산다고 잘사는 것은 아니기 때문이다. 잘사는 것은 인간답게 사는 것이라 생각한다. 꿈도, 도전도, 돈도 없이 오래 산다면 오히려 추한 모습만 남을 뿐이다. 100세 장수라는 화려한 꿈의 그림자가 쓸쓸히 폐지 줍는 노인이라면 거부하는 게 낫다고 생각한다.

지금은 조직이 당신을 책임져주는 시대가 아니다. 기업이 성장해도 고용은 늘지 않는다. 오히려 급속한 기술 발전이 기존 일자리를 한 순간에 소멸시켜버린다. 그러니 40대나 50대에 그 이후 삶을 준비하지 않은 사람에게 오래 사는 것은 축복이 아니라 저주다. 체력과 기억력이 점점 떨어지고, 몸 구석구석 아프지 않은 데가 없고, 사는 것은 팍팍하고, 사회가 나를 퇴물 취급하는데 직업도 없고 가진 돈도 없는 현실을 생각해보자. 지옥이 따로 없다.

내가 지금까지 쌓아온 경험과 지식을 밑천으로 평생을 살던 시대는 지났다. 세상의 새로운 변화에 낙오되지 않도록 새로운 지식을 습득하고 자신을 담금질해야 살아남을 수 있다. 그래야 어떤 혁신적 사회 현상도 감당하면서 당당하고 풍요롭게 살아갈 수 있다.

40~50대는 인생 후반을 결정짓는 중대한 시기다. 육체적으로 그렇고 정신적으로도 마찬가지다. 다행히 40~50대에게는 살아온 경험치가 있다. 이것은 젊은이들이 가지지 못한 황금과 같은 자원이다. 이것을 갈고닦아 새로운 가치를 만들어야 한다. 그 방법은 공부요 배움이다. 하지만 조금 공부해서 약간 개선하고 생활에 사소한 변화를 주는 것으로는 어림없다. 그렇게 간단하지 않다. 완전히 다시 배워야 한다. 그래야만 생존할 수 있다. 과거에는 비슷한 연령의 사람들끼리 교류했다. 지금은 다르다. 비슷한 삶의 질과 계층에 따라 집단을 이루고 서로 교류하는 세상이 되었다.

신자본주의로 일컬어지는 세상은 잔혹한 정글에 비유된다. 퇴직 후의 삶을 지금까지 살아온 삶의 연장으로 생각하는 건 지나치게 안

일한 사고방식이다. 퇴직 후의 삶에 대해 '사는 방법을 조금 바꾸면 되겠지', '좀 덜 쓰고 살면 되겠지' 등의 발상으로 대응하는 건 큰 오산이다. 그러므로 40~50대의 인생 과도기에 새로운 지식과 사고방식을 받아들일 수 있는 유연성을 지녀야 한다. 하지만 나에게 익숙한 것들을 버리고 새로운 것들을 받아들이기란 좀처럼 쉽지 않다. 보통의 노력으로는 되지 않는다. 무지막지하게 노력하고 죽을 만큼 고생해야 한다. '독종만 살아남는다'는 야무진 각오 없이는 퇴직 후 몇 년 안에 초라해진 자신을 만나게 될 것이다.

주변에서 "미래를 준비해야 한다고 하는데 어떻게 해야 하지?"라는 말을 들을 때마다 고개가 갸우뚱해진다. 정말 막연한 사람이라는 생각에 가슴이 답답하다. 그런데 "뭐, 어떻게 되겠지. 산 사람 입에 거미줄이야 치겠어?"라는 이야기를 들을 때면 정말 애처로운 심정이다. 입에 거미줄을 칠 정도면 꽤 오래된 송장이다. 그런 끔찍한 비유를 자기 인생에다 적용하다니 한심한 노릇이다.

국민의 노후에 대한 국가의 정책도 필요하다. 하지만 나는 개인의 준비가 중요하다고 생각한다. 개인이 시대 변화에 유기적으로 대처하지 못하면 삶이 피폐해질 것이라 확신한다. 그래서 나는 책을 통해 쌓은 지식자본과 경험으로 얻은 경험자본, 좋은 스승들을 만나 배운 기술자본을 밑바탕으로 삼아 그 위에 새로운 지식과 사고를 받아들이기 위해 늘 공부하고 노력한다.

찰스 핸디의 오래된(2001년 발행) 명저 『코끼리와 벼룩』은 현재도 깊은 울림을 준다. 그는 "코끼리와 벼룩이 함께 뒤섞여 사는 가운데 벼룩은 숫자가 늘어나고, 코끼리는 숫자는 줄어드는 대신 덩치는 더 커질 것이다. 여러 고객이 발주하는 서로 다른 일로 직업을 삼는 포트폴리오 인생, 즉 여러 우물을 파는 프리 에이전트의 도래를 확신하며 그에 합당한 인생 스크립트를 가져야 한다"고 말하면서 "포트폴리오 생활자는 자기 자신만을 위하여 고용된 사람이다. 이것은 아주 자랑스러운 상황이기는 하지만 동시에 당신의 대타를 내세우지 못한다는 뜻도 된다. 어떤 게임을 하든 당신이 직접 뛰어야 한다. 늘 준비하면서 곧장 게임에 뛰어들 태세가 되어 있어야 한다"고 강조했다.

40~50대는 자신의 인생에서 대단히 중요한 시기다. 인생 2막, 3막을 철저히 준비하지 않고서는 잘살 수가 없다. 오래 사느냐가 아니라 잘사느냐가 중요하다는 사실을 가슴에 새겨야 한다. 삶의 질을 최상으로 높여야 한다. 그것은 즐겁게 할 일이 있고 가슴에 꿈이 있으며 사랑하는 사람이 곁에 있는 삶이다.

퇴직 후 10년,
어떻게 먹고살 것인가

10년 후 내가 무엇이 되어 어떻게 살고 있을지를 상상해보았는가? 인격적으로 매우 성숙하고 경제적으로도 여유 있는 사람이 떠오르면 행복한 마음일 것이다. 그러나 여유는커녕 궁핍하고 쪼들리는 모습이 그려진다면 고통스럽고 비참해질 수밖에 없다. 차라리 그런 상상을 하지 않는 게 더 낫다. 그럼에도 우리는 10년 후 나를 그려볼 수밖에 없다. 미래를 상상하게 만드는 계기가 많기 때문이다. 인구 감소, 인공지능, 게놈 지도 등의 단어들이 우리 주변을 떠돈다. 우리는 이런 용어들을 접하며 그리 행복하지 않은 미래를 예견하는지도 모른다.

인구가 빠른 속도로 감소하며 경제에 먹구름을 드리우고 있다. 게놈 지도를 필두로 한 생명과학의 발전은 인간 수명을 훨씬 더 늘려줄

전망이다. 인간의 영역이라는 바둑에서 최고수 이세돌을 꺾은 알파고는 알파제로로 진화했고 인공지능의 놀라운 능력을 보여주었다. 이런 변화들이 우리 삶에 어떤 영향을 줄지 분명치 않으나, 어두운 그림자를 직감하지 않을 수 없다.

⚓ 미래가 공포가 된다면 ⚓

요즘 공무원이 최고 인기 직업으로 꼽힌다. 그럴 수밖에 없는 현실이다. 인간의 기본 욕구인 먹고사는 삶을 안정되게 보장하지 않는 살벌한 세상은 젊은이들이 공무원을 선호하게끔 만들고 있다. 스펙을 쌓아 좋은 회사에 취업하겠다는 꿈도 허망해지는 세상이다. 열심히 스펙을 쌓아보아야 남들도 다 그만그만하게 좋아지니 차별성이 없다. 그러니 스펙이라는 말 자체가 무색할 정도다. 그래서 젊은이들이 점점 더 공무원 시험에 몰린다. 다양한 영역에서 각기 다른 창의성과 열정을 발휘해야 할 청년들이 고시촌과 골방에서 공무원 시험에 몰두하고 있으니 나라의 미래가 암울하다는 전망도 나온다. 아무튼 공무원에 대한 인기는 수그러들지 않을 것이다. 박사학위를 가진 9급 공무원, 서울대학교 출신의 9급 공무원은 이제 그리 놀라운 이야기가 아니다. 앞으로도 이런 현상이 더 늘어날 것이다.

이런 현실을 반영해서인지 강남 부유층들은 자녀들을 진학시킬 때 국내 명문대학보다는 선진국 유학을 선호한다고 한다. 그래서 열심히 일하며 자녀들을 키우는 평범한 부모들은 공연히 미안한 마음이다. 자녀들 얼굴을 보면서 이유 없이 죄지은 마음이 든다. 자식을 주신 하나님께 감사는 드리지만, '저 아이가 속으론 나를 원망하고 있겠지?' 하는 의심도 든다. 그보다는 '아이고, 저놈이 앞으로 어떻게 살아갈까?' 하는 걱정이 더 앞선다.

부의 쏠림현상은 시간이 갈수록 심해지고 있다. 중세의 왕정 때보다도 더하다는 평가도 있다. 소수에게 부가 편중되면서 중산층이 사라지고 있다. 곧 99%의 사람이 빈곤층으로 전락하는 건 아닌지 불안감이 엄습한다. 부의 편중은 세계적 추세다. 이것을 막기 위한 사회적 노력들이 번번이 실패로 돌아가고 있다. 과학의 혁신적 발전 역시 이 현상을 더욱 부채질하고 있다. 인간 노동의 역할을 빼앗아가기 때문이다. 혁신 기술은 수많은 사람들의 일자리를 빠른 속도로 사라지게 하고 있다. 치열한 경쟁 환경에 노출된 기업들은 살아남기 위해 직원 채용 대신 컴퓨터를 선택하고 있다. 앞으로는 인공지능이 이런 경향을 더욱 강화할 것이다.

약간의 시간만 더 흐른다면 인공지능이 인간 지적 기능의 대부분을 장악할 것이다. 그러면 노동력을 팔아서 먹고살기가 힘들어진다. 새로운 일자리가 생성되지 않는 현실에서 많은 사람들이 좌절한다. 일자리가 없어 많은 사람들이 실업자가 되고, 실패자요 사회 부적응자로 낙인찍히는 현상이 점점 심화되어가고 있다. 특히 인구 감소에 따라 노인 대국으로 치닫는 대한민국은 더욱 위험하다. 극단의 사회적 변혁이 없는 한 암울한 미래가 예상된다. 평범한 시민이 40대에는 중산층, 60대에는 빈곤층, 80대에는 극빈층, 100세에는 거리의 노인으로 전락하지는 않을지 몹시 염려스럽다.

⚓ 회사 인간의 최후 ⚓

아서 밀러의 희곡 『세일즈맨의 죽음』은 '조직 인간'의 비극적 최후를 보여주는 작품으로 유명하다. 그런데 이 불행이 오직 '회사 인간'에만 적용될까? 세일즈맨이 물건을 파는 사람이라면 우리는 나를 팔아서 먹고사는 존재가 아닌가.

『세일즈맨의 죽음』의 주인공 윌리 로우맨은 63세의 세일즈맨이다. 윌리는 열심히 살지만 갈수록 각박하고 힘든 삶을 감당하지 못한다. 결국 자동차 자살로 생을 마감한다. 보험금을 내기 위해서다. 윌리의 죽음 앞에 미망인이 된 린다가 푸념한다. '늙은 개처럼 객사'한 보험금은 고작 마지막 월부금을 낼 수 있을 만한 적은 액수라고. 죽음과 맞바꾼 돈이 그렇다. 해고당한 후 윌리가 한 말은 심금을 울린다.

"이 회사에서 34년 동안 일했어. 하워드. 그런데 지금 보험금도 못 내고 있어. 단물만 쏙 빼먹고 이제 와서 차버리긴가. 인간을 이렇게 취급해도 되느냐는 말일세."

이 상황을 접하며 어떤 생각이 드는가? 남의 일처럼 느껴지는가? 윌리의 비참한 삶과 죽음에 대해 여러 해석이 가능하다. 나는 윌리가 자신이 하고 싶은 것, 되고 싶은 것에 대한 막연한 꿈만 꾸었지, 구체적인 생각은 부족했다고 평가한다. '앞으로 무엇을 이룰 것인가'와 '어떻게 살 것인가'에 대한 실질적 고민이 없었다는 데서 불행이 비롯

되었다고 생각한다.

그렇다면 우리는 어떻게 해야 할까? 자신만의 가치를 따라 치열한 삶을 살아야 한다. 많은 사람이 다른 사람들이 만든 틀 속에서 자신을 속박하며 살아간다. 나는 남이 만든 틀에 갇혀서 자유롭지 못한 삶을 살지 않기 위해 노력하며 살았다. 수많은 고난과 싸우며 넘어지고 좌절하기도 했다. 때로는 후회도 했다. 하지만 당당함을 잃지 않으려 끊임없이 나를 다그쳤다. 비록 지금은 초라하고 미미한 존재지만, 위대한 하나님의 창조물인 내가 세상에 쓸모없는 존재는 결코 아닐 것이라는 사실도 굳게 믿었다.

나는 치열하게 살아가는 삶이 옳다고 믿기 때문에 남이 어떤 삶을 선택하든 그것은 각자의 책임이라고 생각한다. 남들이 나를 보면 "저렇게까지 악착같이 살아야 하는가?"라고 이야기할 수도 있다. 하지만 상관없다. 나는 오늘도 희망과 환희의 요소들이 나를 겹겹이 둘러싸고 있음을 발견한다. 문제는 그것들을 어떻게 나의 삶에 적용하고 활용하느냐이다. 이것으로 내 삶의 풍요로움이 결정된다고 생각한다.

하지만 사회란 다른 사람들과 조화를 이룸으로써 나도 빛날 수 있는 공간이다. 혼자 빛나는 별은 존재하지 않는다. 남과 비교할 필요도 없다. 나는 나만의 특별한 존재 이유가 있다. 남이 성장했다고 해서 그와 비교하면서 나의 단점을 찾는 어리석음은 피해야 한다. 나도 성장하고 남도 성장하고 모두가 함께 성장해야 건강하고 안전하고 평화로운 사회가 이루어지기 때문이다.

세상은 매우 촘촘하게 연결되어 있다. 이름도 모르는 먼 나라의 산업 변동이 곧바로 나에게 충격이 되는 세상이다. 예전에는 상관도 없었던 다른 나라의 감자 작황이 우리 집 식탁에 영향을 준다. 지구 반대편에 있는 나라의 은행이 망했는데 아무런 연관도 없는 내 일자리가 갑자기 사라져버리기도 한다. 우리는 이런 시대에 살고 있음을 깊이 인식해야 한다. 세계 경제는 이처럼 씨줄과 날줄로 엮여 있다. 아무리 작은 일도 개인, 가정, 기업의 범위를 뛰어넘는다. 지역과 국가, 인류의 삶에 영향을 끼친다.

저절로 해결되는 것은 하나도 없다. 역설적이게도 초연결성 사회에서 자기 자신의 역할이 중요하다. 스스로 고민하여 현실에 적합한 답을 찾아야 한다. 또한 독종이 살아남는다는 정신으로 노력해야 한다. 그렇지 않으면 앞으로 인공지능에게 지시와 감시를 받는 기계 노예의 삶을 살아야 할지도 모른다.

물론 거부할 수도 있다. "나는 이 사회가 싫다. 자본주의 경쟁을 거부한다. 그래서 나는 아무것도 하지 않겠다"고 선언하는 이도 있을 것이다. "나는 머리 아프게까지 살지 않겠다. 그냥 편하게 살면 된다"고 이야기하는 사람도 있다. 이것은 선택의 문제다. 어떤 삶을 선택하든 그것을 따라 살면 된다. 법을 어기지 않는다면 모든 선택은 자유다. 누가 뭐라고 할 수 있겠는가?

3

대책 없이 맞은 중년,
살아도 사는 것이 아니다

지나간 젊은 날을 떠올리면 모든 게 아름답게 느껴지기도 하지만, 한편으로는 씁쓸하기도 하다. 젊은 날을 열심히 살면 중년의 삶은 풍요로울 줄 알았다. 또 큰 잘못만 없다면 고생은 끝나리라 기대했다. 하지만 진짜 고생은 지금부터라는 생각이 깊이 든다.

그렇지만 언제까지나 사회에 대해 불평불만만 늘어놓고 있을 수는 없는 노릇이다. 살긴 살아야겠는데, 답답하기 짝이 없다. 나만 그런가 싶어 옆을 둘러보면 모두가 비슷한 처지다. 있는 사람이나 없는 사람이나, 멀쩡한 사람이나 병든 사람이나 모두가 불안과 두려움에서 우왕좌왕 좌불안석이다.

사람이 숨을 쉰다는 것은 살아 있다는 증거다. 하지만 숨만 쉰다고 사는 건 아니다. 살아 있다는 것은 제대로 살고자 하는 노력이 동반된 상태를 말한다. '그럭저럭 어떻게 되겠지' 하고 생각 없이 산다든지 그냥 되는 대로, 닥치는 대로 사는 것은 의미가 없다. 물론 나라에서 잡아가는 건 아니지만, 이런 사람은 살아도 산 게 아니고 죽어도 죽은 게 아니다.

⚓ 열심히 살아야 하지만 그것이 전부는 아니다 ⚓

우리는 평생 열심히 살아야 한다. 비록 앞으로 내 앞에 무슨 일이 벌어질지, 어떤 난제에 맞닥뜨릴지, 언제 어떻게 될지, 조마조마하고 아무런 예측도 할 수 없는 불확실성의 시대라 할지라도 우리는 열심히 살아야 한다. 열심히 노력하면 그 대가는 반드시 돌아온다. 그 대가가 당장 눈앞에 보이지 않더라도 시간이 지나면 나타나게 되어 있다.

직장인은 회사에서 열심히 일해야 하고 집에서도 열심히 가족의 책임을 다해야 한다. 인간관계도 열심히 관리해야 하고 사회활동에도 열심이어야 한다. 게다가 중년의 자기계발은 교양과목이 아니다. 그만큼 한가한 형편이 아니다. 워낙 절박하기에 할 수밖에 없는 게 자기계발이다. 목숨 걸고 열심히 해야 한다.

그런데 중요하면서도 소름 끼치게 무서운 현실이 하나 있다. 열심히 한다고 해서 다 잘사는 것이 아니라는 점이다.

〈동물의 왕국〉이란 TV 프로그램에서 사자가 얼룩말 새끼를 잡기 위해 달려가는 장면을 보았다. 사자는 용맹한 동물이라 얼룩말 새끼 정도는 쉽게 잡을 것 같았는데 실상은 그렇지 않았다. 사자는 혼자 사냥을 하지 않았다. 여러 마리가 얼룩말을 잡으려고 함께 협력했다. 그런데도 쉽게 잡지 못했다. 한참을 추격한 끝에야 겨우 잡았다. 여러 마리의 사자가 최고 속도로 달렸는데도 사냥이 쉽지 않았던 이유는 무엇일까? 얼룩말이 본능적으로 죽음을 피하기 위해 자신이 낼 수 있는 최고의 속도로 달렸기 때문일 것이다. 그래도 잡힌 것은 새끼 얼룩말이 지닌 능력의 한계가 있어서이다. 즉 열심히 달렸으나 살지는 못했다. 열심히 최선을 다했다고 해서 죽음을 피할 수 있는 건 아니었다.

다음 장면은 사자가 가젤을 사냥하는 모습이었다. 사자는 가젤을 먹잇감으로 정하고 숲에 잠복했다. 그러다 가젤이 사정거리에 들어오자 번개같이 달려들었다. 가젤은 아슬아슬하게 위험한 순간을 모면하고 달아나기 시작했다. 그런데 곧장 달리는 게 아니라 갈지자로 달리다가 갑자기 반대로 돌기도 하고 급하게 90도 회전하기도 했다. 방송을 보는 나도 가젤이 어디로 튈지 종잡을 수가 없었다. 쫓아가던 사자도 마찬가지였을 것이다. 어느 정도 쫓아다니다가 거친 숨을 몰아쉬며 포기하고 말았다. 사자는 열심히 달렸지만 사냥에 실패하고 말았다. 최선을 다해 열심히 했다고 해서 다 결과가 좋은 것은 아니었다.

다시 다음 장면이 이어졌다. 이번에는 하이에나가 사자의 먹이를 노리고 끈질기게 사자를 괴롭히는 모습이었다. 사자가 들소를 잡아서 뜯어 먹고 있었다. 그런데 이것을 노린 하이에나들이 사자가 먹이를 제대로 먹지 못하도록 주변을 뱅뱅 돌면서 사자를 귀찮게 했다. 사자가 으르렁거리며 달려들면 도망갔다가 먹이를 먹으려 하면 또다시 사자 주변에서 기회를 노렸다. 사자는 먹이를 앞에 두고도 먹지 못하는 그야말로 기가 막힌 노릇이었다. 그러다가 사자가 화가 났는지 한 마리의 하이에나를 쫓아갔다. 그때 옆에 있던 다른 하이에나가 먹이를 덥석 물고 달아났다. 그러자 다시 사자는 먹이를 낚아챈 하이에나를 뒤쫓아 먹이를 되찾았다. 하지만 역시 먹지 못했다. 계속 하이에나와 신경전만 벌일 뿐이었다. 나는 결과가 궁금했다. 사자는 결국 먹이를 포기하고 어슬렁어슬렁 걸어갔다. 그때 하이에나들이 달려들어 먹이를 먹기 시작했다. 하이에나는 사자의 적수가 되지 못한다. 그럼에도 하이에나는 사자의 먹이를 빼앗을 수 있다. 이처럼 열심히 최선을 다하더라도 성과를 빼앗길 수 있다.

사자의 사냥 장면을 보면서 만감이 교차했다. 사람의 세계도 이와 다르지 않기 때문이다. 무조건 열심히 한다고 다 성공하는 것은 아니다. '노력'이 실패와 성공을 가르는 꽤 비중 있는 요소라는 건 분명한 사실이다. 하지만 결정적 요인은 아니다.

허리가 휘도록 힘껏 일하고도 일용할 양식조차 벌기 힘든 사람이 있다. 그러나 할 짓 다하고 놀 것 다 놀아도 돈이 남아서 주체를 못 하는 사람도 있다. 또 단 한 번의 벼락출세(?)로 권력을 휘두르는 사람도 있다. 요즈음은 지나가는 개도 '부자, 부자' 한다는데, 부자가 무엇인가? '원하는 것은 무엇이든 가질 수 있는 사람'이 아닌가? 그런데 노력이 성공의 비결이라면 이런 현상을 설명할 수 있어야 한다.

⚓ 목표를 향해 돌진하는 독종이 되라 ⚓

슬프지만 안 되는 사람은 안 된다. 왜 안 되는 것일까? 나는 '꿈과 독기'가 없기 때문이라 생각한다. '꿈'은 내면의 에너지다. 절실한 마음으로 나의 꿈을 시각화하면 그 이미지는 반드시 현실이 된다. 내가 꿈을 위해 노력하는 것이 아니라 꿈이 나를 그렇게 되도록 이끌어준다. 이것은 내가 분명히 체험한 사실이다.

가만히 있어도 성공이 저절로 굴러들어 오는 일은 일어나지 않는다. 애초부터 그것을 기대하지 말아야 한다. 성공을 이루기 위해서는 강인한 마음가짐이 필요하다. '이글이글거리는 독기'를 품어야 한다는 뜻이다. 눈빛이 타오르고, 온몸과 정신과 혼을 불태울 수 있는 그런 독기가 없어서 안 된다.

내가 이렇게 말하면 이렇게 질문하는 사람이 있다. "나도 독하기로 유명한데, 왜 실패만 하는 것인가?" 나는 그 독함이 잘못되었기 때문이라고 답한다. 독종에는 두 종류가 있다. '욕구불만에 의한 독종'과 '선의에 의한 독종'이다. "나는 무슨 수를 쓰든 돈 많은 부자가 될 거야." 이렇게 말하는 사람이 대표적인 욕구불만 독종이다. 돈을 벌지는 모르지만 교도소에 갇힐 확률이 높다. "이 일을 열심히 배우고 최선을 다해 노력해서 큰 사업체로 만들겠다!" 선의에 의한 독종은 이런 식으로 말한다. 그에게는 돈이 따라 오게 되어 있다.

독종은 성질이 독한 사람을 가리키는 비유적인 단어다. 바늘로 찔러도 피 한 방울 나지 않을 정도로 독하고 냉정한 사람을 표현하는 말이다. 사람의 피부에 생기는 종기 중에서 독성이 강하고 고통도 심하며 잘 치료되지 않는 종기를 독종이라고 한다.

어떤가? 독종이라는 말이 너무 무섭게 들리는가? 그러나 독한 사람은 꼭 이루어야 할 목표가 있는 사람이다. 그러므로 어쩌다 실패를 했다고 낙담할 필요도 없다. 위로 올라갔다고 해서 우쭐댈 필요도 없다. 꿋꿋이 밝은 자세로 '꿈'을 향해 터벅터벅 걸어가면 된다.

독해질 수 있는 사람은 뚜렷한 주관을 지니고 있다. 독해질 수밖에 없는 사람은 그만큼 삶의 절실한 의미를 안다. 그러므로 독한 사람이 행복한 사람이다.

내 꿈과 현실의 좌표를 확인하면서 끊임없이 자문자답하며 스스로를 채찍질하고, 하루하루를 열심히 최선을 다하면서 끈질기게 물고 늘어지는 독종만 살아남는다. 맹렬한 독기를 품고 살아야 살아남는다. 짐승이나 사람이나 마찬가지다.

회사는 직원의 인생을 책임지지 않는다

앨범을 정리하다가 30여 년 전 젊은 시절 사진을 보았다. 이 사진을 찍을 때는 30년이 지난 다음에 볼 것이라고는 생각도 못 했었다. 사진 속에 웃고 있는 내 모습이 색다른 느낌으로 다가온다.

나는 출생지조차도 불분명하다. 아버지는 항상 내가 경상도 시골에서 태어났다며 경상도 사람이라는 점을 강조하셨다. 하지만 혼인신고를 하면서 내가 전라북도 익산에서 태어났음을 알게 되었다. 그때 엄청난 충격을 받았다.

아버지에 대해서는 아는 게 많지 않다. 아버지는 일제강점기 때 일본 유학파로 와세다대학 경제학부를 졸업하셨다. 전쟁 때 남한으로 피난을 왔지만 사회주의 사상 탓에 빨갱이로 몰려 평생을 중앙정보부의 감시 하에 사셨다. 한 달에 한 번 경찰서에 가서 무언가를 조사 받으셨다. 그리고 일정 지역을 벗어날 때면 꼭 파출소에 신고한 후 가셨던 기억이 난다. 아버지는 평생을 술독에 빠져 사셨다. 당신께서도 많이 괴로웠겠지만, 딸린 가족의 고생은 더욱 심했다.

어머니와는 너무 어린 나이에 이별을 했다. 일찍 세상을 떠나신 '야속한 분'이라는 정도의 감정이 남아 있을 뿐 구체적인 기억이 없다. 나중에 자라서는 어머니 사망신고를 몇 년이 지나서 했음을 알게 되었다. 왜 그랬는지 지금도 궁금하다. 만약 아버지를 다시 뵐 수 있다면 꼭 물어보고 싶은 게 두 가지 있다. 왜 그렇게 경상도 출신이라고 고집을 피우셨을까? 왜 어머니의 사망신고를 몇 년 후에 하셨을까? 무슨 말 못 할 사연이라도 있었는지 지금도 궁금한 대목이다.

⚓ 인생의 변화를 선택하다 ⚓

30대 초반에 우연히 어느 모임에 갔다가 책을 한 권 선물 받았다. 일본 경영계에서 '경영의 신'으로 일컬어지던 마쓰시타 고노스케의 『길을 열다』였다. 그 나이까지 아무 생각 없이 살아왔던 나는 이 책을 읽고 엄청난 충격을 받았다. 나는 그때까지 스스로 가진 것도 없고 가질 것도 없는 삶이라고 생각하며 살아왔었다. 앞을 보면 한없이 깜깜하고 옆을 봐도 아무도 없고 뒤를 보면 더욱 자신감이 떨어졌었다. 하지만 이 책은 나에게 희망의 불씨를 던져주었다. 내가 세상에 태어났다는 한 가지 사실만으로도 충분히 노력할 가치가 있는 인생이라는 것을 깨닫게 해주었다.

그 후 마쓰시타 고노스케와 관련된 책을 몇 권 더 읽었다. 책이라곤 만화책까지 다 합쳐도 한 해에 두세 권 읽을까 말까였던 나였다. 그런데 두 달 사이에 몇 권의 책을 읽었다는 사실이 스스로 대견스럽게 느껴졌다. 내친김에 서점에도 갔다. 내가 서점에 간다고 하니 주위 사람들이 웃었던 기억이 난다. 그리고 책 살 돈을 아끼느라 도서관에도 갔다. 좀 더 지나서는 책을 많이 읽고 싶어서 속독학원에 등록했다. 하지만 속독학원에서는 내가 생각했던 독서 방법을 가르쳐주지는 않았다. 그래서 사흘 만에 그만두었다.

나는 독서에 빠졌다. 1년에 읽는 책이 30권, 50권, 70권으로 늘어났다. 나중에는 1년에 365권까지 읽게 되었다. 뒤돌아보니 읽는 속도가 폭발적으로 늘어난 시점은 1년에 100권 정도 읽을 때였다.

나는 하루에 한 권 독서와 한 가지 실행이라는 원칙을 세웠다. '일일일독일행一日一讀一行'이었다. 그러자 생활 방식이 급변했다. 누군가에게 배운 독서 기술은 없지만 수많은 시행착오를 겪으면서 나에게 맞는 독서 기술과 독서 시간을 개발하게 되었다. 그렇게 행한 독서 활동은 내 삶을 180도 바꿔놓았다. 무엇보다 독서에서 얻은 삶의 지혜는 내가 무엇을 해야 할지, 어떻게 해야 할지, 어떤 방법으로 살아야 하는지를 알게 했다.

그러던 어느 날 나는 한 가지 중요한 결단을 내렸다. 그 당시는 맡겨진 업무를 적당히 소화하기만 하면, 아니 그렇게 보이기만 하면 회사에서 잘릴 염려가 없었다. 하지만 나는 이렇게 살아서는 평생 이 밑바닥을 벗어나기 어렵다는 판단을 내렸다. 나는 회사에 '겸업'을 요구

했다. 일과시간 중에는 회사에서 일하겠지만 오후 6시가 넘으면 연장 근무를 비롯하여 일체의 일을 하지 않겠다고 조건을 내건 것이다. 오늘날이야 이런 조건이 당연한 것으로 받아들여지지만 그때는 달랐다. '조직에 몸과 마음을 바쳐 일하는 것'이 상식적인 가치였다. "연장 근무와 야근, 특근을 가리지 말고 시키는 대로 열심히 일해라. 그러면 회사가 당신의 노후를 책임질 것이다. 그렇게 못 하겠으면 회사를 떠나라"는 식이었다.

그런데 내가 겸업을 하겠다고 나왔으니 받아들여질 리 만무했다. "말도 안 되는 소리, 당장 그만둬!"라는 반응이었다. 나는 결심했다. 그만둘 수밖에 없었다. 나에 대해 아무리 생각해보아도 한 가지 일만 해서는 부자가 되거나 성공할 수 없다는 결론이었다. 나에게는 특별한 기술도, 높은 학력도, 든든한 후원자도 없었다. 나이가 들수록 점점 값싼 노동자로 떠돌다가 마침내는 거리의 노숙자로 전락할 운명이었다.

그렇게 회사를 나왔지만 내가 내건 조건을 받아줄 회사는 없었다. 내가 짐작하고 염려하던 그대로였다. 나는 번번이 재취업에 실패했다. 그렇게 얼마 되지 않아 취업을 포기하고 말았다. 30대 초반의 나이에 사회에서 강제로 퇴직을 당한 셈이다.

당장 먹고사는 게 문제가 되었다. 쥐꼬리만 한 알량한 봉급이었지만 그조차도 끊기니 생활고가 찾아왔다. 남의 말 쉽게 하는 사람들은 "어려운 때일수록 기운을 내라"고 하겠지만 당장 죽게 된 판에 무슨 힘이 있어 기운을 내겠는가? 나는 한없는 허탈감에 빠져 허우적거

렸다. 하지만 한 가닥 가냘픈 희망이 있었다. 바로 독서였다. 나는 책 속에 반드시 길이 있으리라 믿었다. 그래서 외롭고 힘들지만 꾸준히 독서에 매진했다.

그러다 깨달은 것이 '애드벌룬 사고thinking'이다. 나는 스스로에게 말했다. '알지? 애드벌룬. 공중에 띄우는 광고 풍선 말이야. 아무리 좋은 이상이나 꿈도 현실에 기반을 두지 않는다면 그저 망상에 불과하지 않을까. 애드벌룬을 띄우기 위해서는 가장 먼저 풍선이 날아가지 않게 땅바닥에 징을 단단하게 박아야 해. 그리고 징에 연결된 끈은 풍선이 어떤 조건에서도 끊어지지 않을 정도로 굵은 줄이어야 하고. 무엇보다 풍선의 가스는 적정한 양이여야 해.'

⚓ 현실에 기반을 둔 꿈과 이상 ⚓

나는 이 사고방식을 생활에 옮기기로 했다. 효율적인 삶을 추구하면서 나에게 일이란 무엇인지, 나에게 허락된 시간 동안에 내가 하고 싶은 일이 무엇인지, 내가 해야 하는 일은 무엇인지에 대해 선명한 그림을 그렸다. 그날 이후 나는 내가 생각하는 꿈과 이상을 현실이라는 기반 위에서 결코 흔들리지 않게 하겠다는 확고한 신념을 품었다. 그 꿈과 이상을 향해 나아가는 동안 현실의 온갖 문제와 번민 등으로 인해 이리저리 치이고 고통 받겠지만, 결코 포기하지 않고 돌파하여 성공한 인생에 이르겠다는 굳은 의지를 다졌다.

나는 내가 살아야 하는 이유를 몰랐었다. 그냥 살았다. 적어도

30년 전까지는 그랬다. 젊은 나이에도 몸이 부실했다. 이곳저곳 아프지 않은 데가 없었다. 마음도 건강하지 못했다. 어느 한 곳 마음 붙일 곳이 없고 편히 쉴 곳조차 없었다. 돈도, 백도, 가정도 없었다. 그럭저럭 살다가 '포기'라는 한 단어면 의미도 없이 끝나고 말 상황이라는 것도 의식하지 못하고 그냥 연명하듯 살았다.

지금 생각하면 하찮은 존재가 가냘픈 목숨 하나 연명하기 위해 세상에서 몸부림을 쳤으나 그 몸부림마저도 "넌 너무 이기적이야!"라는 비난을 받았던 시절이었다. 그래서 가슴속에 삶의 응어리를 켜켜이 쌓아야 했고 풀 곳이 없었다. 지금도 어떤 꿈을 이루기 위한 숱한 노력이 왜 '이기심'으로 평가받아야 했는지 반문하고 싶은 생각이 든다.

이제 나는 부잣집에서 태어난 사람들을 부러워하지 않는다. 예전에는 이 사람들이야말로 세상에서 가장 축복받은 사람인 줄 알았다. 하지만 지금은 알게 되었다. 이들이 속빈 강정이라는 것을. 물론 전부 그런 건 아닐 터이다. 어쨌든 돈 많은 부잣집 자녀 중에 철학자가 된 사람은 거의 보지 못했다. 그만큼 치열하게 삶을 고민하지 않는다는 증거다.

좋은 학벌은 어떨까? 대한민국에서 살아가려면 좋은 학벌이 필요하다. 하지만 공부를 너무 잘한 사람은 길이 정해져 있다. 주로 '사'자 들어가는 직업을 갖는다. 하지만 그들은 그것이 끝이다. 넉넉하게 먹고살고 남에게 폼 잡고 자기보다 밑에 있는 사람 깔보며 그렇게 살다가 끝나는 것이다. 그런데 이런 사람 중에 그렇게 인간답게 사는 사람은 별로 못 봤다. 정말 크게 성공하는 사람도 많이 보지 못했다. 그래서 지금은 이들이 별로 부럽지 않다.

내가 이들보다 복이 없어서, 이들처럼 못되니까 배 아파서, 못 먹는 감 찔러나 보는 심정으로 그러는 게 아니다. 이들은 야생에서 치열하게 사는 사람이 이룬 삶의 행복을 절대 모르기 때문에 그렇게 생각한다.

내가 살아가는 방법은 지금 당장 할 수 있는 작은 도전을 멈추지 않으며 실패조차도 징검다리처럼 이어가는 것이다. 실패했으니 더 잘할 수 있다. 나는 야생에서 누구보다 치열하게 살아왔다고 자부한다. 내 도전의 목적지에 도착할 때마다 삶의 희망, 시련을 이겨낸 자존감, 더 잘할 수 있다는 자신감이라는 돈으로 살 수 없는 에너지를 함께 얻는다. 그래서 나는 오늘도 새로운 도전거리 찾기를 멈추지 않는다.

30여 년이라는 긴 시간 속에는 아쉬움과 후회, 미안함과 그리움도 있다. 하지만 지금 행복하다고 말할 수 있으니 아쉬움과 후회는 기쁜 마음으로, 미안함과 그리움은 감사한 마음으로 바꾸어 영원히 기억하고 싶을 뿐이다.

비로소 잘살기 위해 일하고 싶다

한동안 만나지 못했던 친구에게서 전화가 왔다. 그때는 내가 무척 힘든 시기를 보내고 있을 때였다. 구구절절 이야기할 수는 없지만 어디를 바라보아도 헤어날 곳이 없고 사는 것이 고통스러운 나날들이었다. 솔직히 친구의 전화가 반가울 리 없었다.

내 사정을 모르는 친구는 전화로 대뜸 이렇게 말했다.

"나 퇴직했어."

이 말을 듣는 순간 갑자기 할 말이 없었다.

나이 쉰 초반이면 한참을 일할 나이이다. 하지만 일자리는 부족하고, 쥐꼬리만 한 봉급에 나갈 돈은 폭포수인 그런 나이인데 그나마 퇴직이라니….

"끝까지 버티려고 노력했는데, 꼭 이렇게까지 살아야 하나 싶어 때

려치웠다."

친구는 "아니, 왜?"라는 나의 공연한 물음에(사실은 묻지 말았어야 했다) 예상되던 답을 힘이 다 빠진 목소리로 말했다.

"얼마나 힘들면 그랬겠어. 그래, 식구들은?"

"몰라. 집사람이고 애들이고 내 앞에선 괜찮다고 하지만, 그게 어디 진심이겠니? 다행히 큰놈이 취직을 해서 조금 위로가 되긴 하지만 솔직히 사는 게 좀 힘들다. 그만둔 지가 벌써 2년째야. 취직해볼 생각으로 여기저기 알아보지만 잘 안 되네. 답답해 죽겠다."

'짜식, 사실은 나도 너만큼, 아니 그 이상으로 힘들다. 오히려 내가 너에게 위로를 받아야 하거든!' 하는 생각도 들었지만, 통화를 이어갔다.

"그만두기 전에 충분히 준비를 했어야 하는데 어쩌다 이렇게…. 회사도 후회할 거야. 나같이 한결같은 마음으로 회사만을 위해 성실하게 사는 놈은 세상에 그렇게 흔치 않아. 그런데 나를…. 지금도 배신감에 잠이 안 온다."

그는 아직도 회사에 대한 서운함이 대단한 모양이었다.

"그래도 힘내. 절대 산 입에 거미줄 치는 법은 없으니까."

"그런 말 들으려고 전화한 건 아니고 일자리 있으면 연락해줘라. 너 알잖아? 나 성실한 거."

"그래 알았다. 한번 알아볼게."

친구는 먼저 전화를 끊었다. 나는 통화를 더 길게 하면 내 사정을 이야기할 것 같았는데, 다행이라고 생각했다.

⚓ 성실은 기본 중의 기본이다 ⚓

성실. 우리는 어릴 때부터 성실에 대해 귀가 닳도록 들어왔다. 나는 특히 더했다. 아버지는 내가 잘못한 일이 있어 훈계를 할 때면 꼭 이렇게 마무리를 했다. "성실하면 절대 굶어 죽지 않는다. 사회에서 사람들에게 손가락질 받지 않고 살 수 있어. 그뿐만 아니라 성실하면 꼭 복을 받는다." 이런 이야기를 지겨울 정도로 들었다.

그런데 성인이 되어서 성실하게 사는 것이 얼마나 어려운 일인가를 알았다. 그냥 일찍 일어나서 남을 속이지 않고 부지런하게 일하는 게 성실의 전부인 줄 알았다. 하지만 성실은 삶의 근본일 뿐 삶의 전부가 아니었다. 시대가 어떻게 바뀌든지 사람은 성실을 기본으로 삼고 잘 살기 위해 노력해야 한다. 하지만 그게 전부는 아니다. 어떤 사람은 이렇게 말한다. "나는 성실하게 살았기 때문에 잘살 것 같습니다." 이런 사람은 성실하게 살았는지는 몰라도 잘살지는 못한 것 같다.

『이솝우화』에 실린 '토끼와 거북이의 경주'는 너무나 유명한 이야기다. 토끼가 거북이에게 느림보라고 놀리자 거북이가 토끼에게 달리기 경주를 제안하면서 이야기가 시작된다. 그러나 이야기의 주제는 자만한 토끼에게 맞춰져 있다. 뻔한 결과에 대한 확신을 가지고 있는 토끼의 자만으로 인해 결국 승리는 거북이의 것이 된다. 이솝은 이 우화를 통해 성실한 인간에 대한 이야기를 하고 싶었던 것 같다.

하지만 거북이가 아무리 성실하다 한들 달리기에서 토끼의 상대가 될 수 있겠는가? 거북이가 이긴 이유는 성실함도 아니요 끈기도 아니고 전략도 아니다. 단지 남의 실수에 의한 단 한 번의 승리를 얻었을 뿐이다. 성실해서 얻은 승리도 아닐 뿐 아니라 진정한 승리도 아니다. 거북이는 두 번 다시 토끼를 이기지 못할 것이다.

하지만 토끼만 신의 축복을 받은 것은 아니다. 거북이는 비록 육지에서는 느림보이지만 물속에서도 살 수 있다. 이 얼마나 큰 축복인가? 거북이는 육지의 달리기에서는 절대 토끼를 이길 수 없지만 물속에서의 대결에서는 토끼를 이길 수 있다. 만약 거북이와 토끼가 물속에서 오래 잠수하기 대결을 했다면 결과는 어땠을까?

토끼와 거북이가 공평하게 시합을 하려 했다면 육지에서 절반, 물속에서 절반으로 코스를 짜는 게 옳다. 이러면 거북이가 유리하다. 거북이는 멀티 플레이어를 원하는 세상에서 축복받은 존재인지도 모른다. 물론 영악한 토끼는 결코 이 제안을 받아들이지 않았을 것이다.

신은 저마다 특별한 재능을 가지게 했다고 믿는다. 모두가 남들보다 잘할 수 있는 부분인 재능이 분명히 있다. 물론 재능이 있다는 것이 전부는 아니다. 그것을 갈고닦는 노력이 동반될 때 재능이 빛을 발한다. 다이아몬드나 황금도 흙 속에 묻혀 있으면 아무런 소용이 없듯이 찾아내서 갈고닦지 않은 재능은 쓸모가 없다. 그것은 어디까지나 본인의 판단과 노력에 달려 있다. 이때 성실한 노력이 필요한 것이다. 거북이처럼 어리석게 써먹으라고 있는 게 아니다.

성실을 삶의 기반으로 삼아 서두르지 않고 자기의 꿈과 목표를 향해 꾸준히 하루하루를 최선을 다해 나아갈 때, 우리는 잘살고 있다고 이야기할 수 있다. 한 걸음, 한 걸음을 우보로 걸어도 내가 가는 길을 정확히 알고 목표 지점을 향해 묵묵히 가는 삶이 잘사는 삶이다.

⚓ 항구의 배인가, 바다 위의 배인가? ⚓

또 한 가지 중요한 점이 있다. 잘산다는 것은 다른 사람에게 기대어 사는 삶이 아니다. 물론 촘촘히 연결된 사회에서는 절대 혼자 살아갈 수 없다. 그렇다 해도 내 삶은 온전히 나의 것이지 남의 어깨에 기대어 사는 것은 자조적인 삶이 아니다.

코끼리가 먹이가 많은 푸른 풀밭을 찾아 먼 길을 이동했다. 목마름을 견디며 먼지가 퍽퍽 날리는 흙길을 지나서 길도 없는 한없이 넓은 벌판을 걸었다. 발이 푹푹 빠지는 늪지대도 지나왔다. 그러나 코끼리는 끝까지 포기하지 않고 끈질기게 자기의 길을 걸어서 푸른 숲에 도착했다. 코끼리는 기쁜 마음과 해냈다는 안도감에 코를 높이 들어 환희의 춤을 추었다.

그때였다. 뒤에서 코끼리를 향해 웃는 소리가 들렸다. 뒤돌아 보니 코끼리의 엉덩이에 작은 개미 한 마리가 붙어 있었다. "너는 죽을 고생을 하면서 이 먼 곳까지 왔지만 나는 너의 엉덩이에 붙어서 편하게 이곳까지 왔지." 개미의 깔깔거리는 웃음에 화가 난 코끼리는 자신의 긴 코로 개미를 한 방에 짓이겨버렸다.

이 세상에서 나 혼자 잘났다고 뻐기며 살아갈 수는 없다. 누구나 어디서든 사람과 관계를 맺고 거래하며 살아간다. 그러나 그 중심에 내가 있다. 나라는 존재는 남과 함께할 때 빛이 난다. 하지만 남의 등에 기대어 추위를 피하는 것은 정말 나약한 인간의 모습이다. 나약하니 더 남에게 의존하게 되고 결국 삶을 비열하게 만든다. 그것은 잘사는 것이 아니다.

"항구에 있는 배는 안전하지만, 그것이 배를 만든 이유는 아니다"라는 유명한 이야기가 있다. 항구는 항해를 마친 배가 안전하게 정박할 수 있는 장소다. 항구에서 휴식도 취하고 물과 먹을 것도 갖추고 고장 난 부위를 수리하기도 한다. 배는 거친 바다를 항해할 때보다 항구에 정박해 있을 때가 더 안전하다. 하지만 항구에서 떠나지 않고 오래 머물러 있으면 그 배는 폐선이 되고 만다.

작은 배든, 큰 배든 1차 항해를 끝내고 항구에 들어온 후 준비가 끝나는 대로 다시 바다를 향해 나가야 한다. 아무리 아프고 힘들고 어렵다 해도 삶이라는 항해를 시작한 이상 항구에 머물러 있기만 한다면 배가 아니다.

나가자! 비록 거친 바다가 위험할지도 모르지만 거침없이 나가자! 그것이 인생을 잘사는 비결이다.

6

나잇값보다
어른값 하는 삶이 좋다

딱 잘라서 이야기할 수는 없지만, 직장이 없거나 직업이 없는 사람을 만나면 왠지 측은한 마음이 앞선다. 같은 장소에서 같은 차를 마셔도 온기보다는 냉랭한 분위기가 느껴지곤 한다. 개인적인 생각에 그의 화려했던 과거 모습을 현재의 모습과 비교하기 때문이 아닐까 싶다. 젊은 시절, 잘나가던 시절의 그를 내가 알고 있으니 굳이 비교하려 하지 않더라도 자연스럽게 그것이 떠오른다.

현재보다 훨씬 나은 과거를 지닌 이는 어떨까? 그때를 상기하며 스스로 위안을 삼고 견딜 수도 있지만, 화려한 시절의 기억 때문에 현실이 더 비참할 수도 있다. 이때 품위를 잃지 않고 살 수 없을까?

'책을 가까이하자.'

한 번 사는 삶이다. 무엇보다 어른답게 살자. 비록 힘들고 어려운 현실이지만 건강하고 행복하게, 우아하고 품격 있게 살자. 세상은 내가 생각하는 대로 보이게 되어 있다. 책을 읽는다는 것은 새로운 세상을 만나는 일이다. 독서는 새로운 지식을 쌓고 새로운 생각을 가지게 하고 인생의 희망을 밝혀주는 등불이다.

책을 읽어봤자 돈이 안 된다고? 천만의 말씀이다. 천하의 비즈니스 노하우가 모두 책 속에 있다. 책을 읽어봤자 잔머리만 굴리게 되어 있다고? 그렇지 않다. 책을 건성으로 읽어서 그런 것이다. 책은 거인의 어깨라 하지 않던가. 그 위에 올라서면 예전에 보지 못한 세상, 더 넓은 세상, 전혀 다른 세상이 보인다. 책을 마음으로 읽으면 삶의 품격은 저절로 높아진다. 우아하고 품위 있고 지적인 당신으로 바뀔 것이다.

"꿈이 있습니까?" 책을 쓰기 위해 퇴직자나 은퇴자들을 인터뷰할 때마다 빠뜨리지 않고 질문한 문항이다. 솔직히 반 이상은 대답을 못했다. 아니, 좀 더 솔직히 표현하면 아예 생각조차 하지 않는 사람들이 많았다.

'이거 해볼까?', '저기는 어떨까?', '치킨집은 너무 많아서…' 당장 급한 마음에 무엇을 할 것인가는 매일 고민하면서도 내 꿈에 대한 깊은 고민은 없는 것이다. 삶의 의미를 깊이 고민하지 않은 탓이다. 꿈도 없이 여기저기 기웃거리는 것은 본말이 전도된 삶이다. 꿈도 생각하지 않고 우왕좌왕하는 것은 품격 없는 짓이다.

⚓ 꿈꾸되 욕심 부리지 않는다 ⚓

이 시대는 엄청난 혁명적 변화를 거듭하고 있다. 과거의 잣대로 미래를 걱정해서는 안 된다. 50대 중반을 넘은 사람이 퇴직 후 '무엇을 할까?' 고민하는 것은 이미 때늦은 일이다. 40대 중반에서 50대 중반 전까지 인생 2~4막의 직업을 결정하거나 이에 대한 준비를 해야 한다. 준비되지 않은 퇴사나 퇴직은 엄청난 고통을 수반하고 차별화되지 않은 50대 후반의 인력은 아무리 건강해도 어느 곳에서도 욕심내지 않는다.

지금 '무엇을 할 것인가'를 고민하고 있다면 그에 앞서 '내 꿈은 무엇인가'에 대한 자문자답을 먼저 하라. 우선적으로 내 꿈을 찾아라. 막연했던 생각이 구체적으로 바뀐다. 지금 내가 무엇을 해야 하는지를 알게 된다.

막연한 꿈은 백일몽이지만 목표가 있는 꿈은 반드시 이루어진다. 왜냐하면 꿈을 향해 노력하는 것이 아니라 꿈이 나를 그곳으로 이끌어주기 때문이다. 나이를 먹을수록 남에게 폐가 되는 일이 없도록 격을 갖춘 사람으로 살아가고 싶다면 스스로에게 꿈을 끊임없이 끈질기게 물어야 한다. 그리고 그 답을 찾아야 한다.

'둘을 가지려 하지 마라.'

언젠가 법정스님이 쓰신 글에서 "만년필 하나 선물받자 지금까지 쓰던 만년필이 갑자기 전처럼 소중해지지 않더라"는 이야기를 읽으면서 나 자신을 뒤돌아보게 되었다. 하나를 가지고 있으면 소중하고 중요한데 여러 개를 가지고 있으면 그만큼 관심도 덜해지고 예전처럼 사랑스럽지도 않다. 이 글에서 법정스님은 “모자랄까 미리 걱정하는 그 마음이 모자람”이며 “하나가 필요할 때 둘을 가지지 말라”고 말씀하셨다.

미련한 건지, 욕심이 많은 건지 나는 물건을 사면 꼭 여유분이 있어야 마음이 놓였었다. 하다못해 볼펜을 사도 하나를 사면 혹시나 잃어버리면 어떻게 하나 하는 생각에 열쇠를 복사하듯 꼭 두 개를 사야 직성이 풀렸다. 더 한심한 기억도 있다. 한창 수석에 맛을 들였을 때이다. 돌을 주우러 가면 한두 개면 족한데 쓸데없이 욕심을 부려 여러 개를 주어 오곤 했다. 가져 오는 것도 보통일이 아니었지만 나중에 갖다 버릴 땐 번거롭기 이를 데 없었다. 욕심 많은 추한 모습만 드러내는 것 같아 마음이 무거웠다.

사회로부터 존경 받는 사람들, 심성이 착한 사람들, 우아하고 품위 있는 사람들, 좋은 일을 많이 하는 사람들이 공통적으로 하는 말이 있다. “욕심을 버리고 늘 감사하는 마음으로 산답니다.”

어릴 적 기억이 하나 떠오른다. 먹을 것이 없어서 배불리 먹는 것이 소원이었던 시절이었다. 당시 학교에서 옥수수 빵을 점심시간에 나누어 주었다. 친구와 나는 그날 당번이라서 급식실로 빵을 가지러 갔다. 그런데 급식실 문이 열려 있고 선생님이 보이지 않았다. 그 순간 친구가 먼저 빵을 한 개 집더니 옷 속에 숨겼다. 나도 쿵쿵거리는 심장 소리를 억누르며 옷 속에 빵을 한 개 얼른 숨겼다. 그리고 우리는 빵을 숨긴 채 뒤도 돌아보지 않고 달려갔다가 태연스럽게 다시 급식실로 갔다.

선생님이 보자마자 “너희 둘 교무실로 와라”고 했다. ‘아! 이제 퇴학인 모양이구나’ 싶은 생각에 무거운 마음으로 선생님께 갔다. 그런데 “훔친 건 잘못이지만, 잘 관리하지 못한 선생님에게 더 큰 잘못이 있다”고 하면서 우유 한 병씩을 주었다. 그 뒤 무슨 말씀인가 하셨지만 기억이 없다. 다만 선생님같이 착하게 살기로 다짐하면서 펑펑 울었던 기억이 날 뿐이다.

직장이 없다고, 직업이 없다고, 준비가 덜 됐다고 스스로를 책망하지 말자. 어깨를 축 늘어뜨리고 기력 없는 노인처럼 걷지도 말자. 가슴을 쭉 펴고 당당하게 걸어가자.

세계적인 희극 배우 찰리 채플린이 말했듯 “인생은 멀리서 보면 희극이요, 가까이서 보면 비극”이다.

조금 부족한 삶이라도 품위 있는 인생을 포기해서는 안 된다. 두려워하지 말고 이제부터 다시 준비하면 된다. 나이에 걸맞지 않은 정신도 가져보자. 항구에 크루즈를 정박하고 슈퍼마켓에 가서 생필품을 잔뜩 산 다음, 사랑하는 사람과 먼 여행을 떠나는 상상도 하자. 아들과 딸들, 그리고 이웃에게 환송을 받으며 떠나는 크루즈 여행!

그들에게 생각과 행동과 말에 격이 있는 사람으로, 어른다운 사람으로 기억될 수 있기를 기도하면서….

새로운 무대를 준비하는 스타의 마음으로

중년의 사고방식 중 가장 문제가 되는 것은 무엇일까? 사회에 나와서 직장생활 겨우 20~30년 했으면서 자신이 인생을 다 살아본 것처럼 착각하는 것이다. 100세 인생, 아니 120세 인생 중에 겨우 40~50년 살았으면서 '아, 나는 참 잘살았어' 또는 '나는 왜 이렇게 살았을까?' 하고 건방을 떤다.

솔직히 남보다 머리가 좋거나 환경이 좋거나 공부를 잘하거나 운이 좋아서 좋은 데 취직했고 높은 자리에서 호령했고 돈도 많이 벌었다고 하자. 그런데 그게 뭐 어떤가? 그것인 잘산 것이고 행복하게 산 것이며 참살이 한 것인가? 반대로 머리가 나쁘거나 환경이 나쁘거나 공부를 못하거나 운이 좋지 않아서 망하고 막일로 근근이 연명하는 사람들은 어떤가? 이들은 모두 불행하고 죽어야 할 중생들인가? 그렇지 않다.

부와 명예, 성공과 권력은 성취한 사람들의 결과물일 뿐이다. 이런 것들을 성취하지 못했다고 해서 반드시 불행한 것은 아니다. 다만 살아가는 데 불편하고 자유가 제한될 뿐이다.

사람은 누구나 상상을 한다. 고급스러운 주택에서 단란한 가정을 이루고 산다. 주말이면 가족과 함께 바닷가 별장에 들러 테라스의 흔들의자에 앉아 쉬며 따뜻한 커피 한잔을 마신다. 그 옆에 멋진 남자가 어깨를 포근하게 감싼다. 직장에서도 넓은 사무실에서 비서가 연결해주는 전화를 받으며 멋지게 비즈니스 파트너와 대화를 한다. 그것도 유창한 영어로…. 너무나 멋지고 행복한 모습이 아닌가!

그런데 현실의 나는 어떤가? 이 나이 먹도록 죽으라고 일만 했지 모아놓은 재산도 없다. 집이라고 해봐야 변두리의 코딱지만 한 아파트가 전부다. 한 달 죽으라 벌어야 그냥 일용할 양식을 구하는 정도다. 남들은 큰 회사 다닌다고 부러워하지만 전문직도 아니고 언제 구조조정 당할지 하루하루가 불안하다.

여기에다 자식까지 속 썩이면 더 헷갈려진다. 제대로 뒷받침해준 것도 없고 특별 과외를 시켜줄 형편도 안 되니 그저 미안하고 죄스러울 뿐이다. 그럴 때 집사람이라도 옆에서 가만히 있으면 좋겠는데, "뭐가 어떻고, 이래서 저래서 우리는 안 된다"고 악을 쓰기에 더 열받는다.

⚓ 인생이라는 경쟁 무대를 열정적으로 즐기라 ⚓

TV 인기 오락 프로그램 중에 〈나는 가수다〉가 있었다. '서바이벌' 형식으로 구성되었는데 많은 사람들이 즐겼다. 나는 이 '서바이벌' 형식이 좋다거나 나쁘다고 말하고 싶은 생각은 없다. 그렇지만 삶을 향해 주는 메시지가 있다고 생각한다. 〈나는 가수다〉는 매회 경합을 벌였다. 끊임없는 혁신적 열정을 가지지 않은 가수는 실력이 출중하더라도 가창력 대결에서 뼈아픈 패배자로 기록되었다. 살아남은 승자가 퇴장하는 패배자에게 아낌없는 박수를 보낸다 해도 고배를 마신 패배자는 프로의 세계에서 경쟁은 냉정한 것이라는 점을 뼈저리게 느꼈을 것이다.

이 프로그램에 대해 지금 청와대 수석비서관이 된 장하성 교수는 '〈나는 가수다〉에서 배울 것들'이라는 칼럼에서 이렇게 썼다.

"탈락한 가수가 무대를 떠날 때에는 그가 있었기에 치열한 경쟁이 펼쳐졌고 좋은 노래를 들을 수 있었던 것에 모두가 격려와 감사를 보낸다. 그러나 공정한 경쟁과 평가이기에 탈락한 가수나 시청자들 모두가 아쉬워하면서도 겸허하게 결과를 받아들인다. 〈나가수〉의 또 다른 진수는 승자독식의 구조가 아니며 탈락자마저 영원한 패배자로 만들지 않는다는 것이다. 탈락한 가수들도 새로운 팬들이 생기고 음원시장의 수요 증가로 경쟁의 과실을 함께 나눈다. 치열하지만 공정한 경쟁이 탈락자에게까지 아름답고 생산적이 될 수 있다는 것을 〈나가수〉가 보여주고 있다."

나 역시 장 교수가 견해에 깊이 공감한다. 아무리 공정한 룰과 경쟁이 있었다 해도 '서바이벌' 형식이 갖는 태생적 문제점은 극단적으로 경쟁에 내모는 것이다. '떨어질지도 모른다'는 위기감은 곧 낙오의 두려움에 휩싸이게 만들고 불꽃 튀기는 경쟁에서 어떻게든 살아남아야 한다는 공포지수가 극에 달하게 한다. 그러나 그들은 공정한 룰과 경쟁의 장에서 자신의 실력을 최대한 발휘해서 환희와 열광으로 넘쳐나는 현장을 즐길 뿐 결과 때문에 좌절하거나 주저앉지 않았다.

자신이 진 것은 실력이 없다거나 부족해서가 아니라 상대방이 자신보다 한층 더 관객을 열광의 도가니로 몰고 갔기 때문이라는 사실을 알기 때문이다. 그것을 알고 있는 관객도 탈락한 가수가 무대를 떠날 때, 아쉬워하면서 열광적인 박수를 보냈던 것이다. 기득권 세력의 불공정이 판치고 소수의 승자가 모든 것을 가져가는 현실에서 우리가 배워야 할 것은 스타들의 열정적 모습이다.

언뜻 보기에는 서로가 팬을 가지고 있는 인기 가수인데 아무리 잘한다고 해도 마지막에 누군가는 떨어져야 한다면 어쩌면 그 사람에게는 치명타가 될 수도 있다. 예를 들어 내가 좋아하는 가수가 가창력 대결에서 패배자가 된다면 나는 실력 없는 가수를 좋아하는 격이 된다고 생각할 수도 있기 때문이다. 그럼에도 무대에 참여하여 치열한 경쟁을 하는 것은 팬들이 실망하지 않는 스타라는 자리를 지켜야 하기에 끊임없이 새로운 모습을 개발하고 보여주려고 노력하기 때문이다.

"하늘은 스스로 돕는 자를 돕는다." 수많은 사람이 경험을 통해 진리임을 검증한 말이다. 스스로 개발하고 개선하고자 노력한다면 하늘의 기운이 반드시 자신을 돕기 때문에 어떤 상황이든 두려워할 것이 없다. 중년의 우리가 범하는 가장 큰 착각은 얼마 경험해보지 않았으면서 마치 세상 경험 다 한 것처럼 생각하는 것이다. 지금까지 살아온 것이 전부라고 생각하기에 고정관념의 틀 속에 자신을 가둬버리는 것이다.

새로운 것을 다시 시작한다는 것은 자신에게 새로운 기회다. 새로운 기회를 만들기 위해 스타는 자꾸만 새로운 무대를 만든다. 그래서 스타는 새로운 무대가 두렵기는커녕 오히려 반가워 죽고 싶을 정도다. '스타는 어떤 무대도 두려워하지 않는다.'

2장

5년 후 퇴직을 위한 자기계발

1

내일 회사는 퇴사를 권할지도 모른다

만나면 헤어지고 탄생이 있으면 죽음이 있는 게 세상의 이치다. 사람은 생로병사라는 자연의 섭리 앞에 먼지만큼이나 작고 초라한 존재다.

나는 2010년 여름, 유럽 여행을 하던 중 스케줄에 따라 스웨덴의 '우드랜드 공동묘지'를 둘러보았다. 처음 여행 스케줄을 받아 보았을 때는 '많고 많은 여행지 중에 공동묘지까지 가봐야 하나?' 하는 생각도 들었지만, 막상 현지에 와서 보니 넓고 아름다운 곳이었다.

그 이름처럼 빽빽하게 들어선 나무들이 나를 계속 걷게 만들었고, 생각하게 했으며, 그 누군가를 그리워하게 했다. 유명한 건축가 두 사람이 만들었다는 가이드의 설명과 언덕 위의 '회상의 숲', 조각상, 수많은 묘비가 기억에 남아 있다. 하지만 가장 뇌리에 남은 것은 장제장

입구에 있는 동판이었다.

"오늘은 나, 내일은 너."

우리는 분명히 알고 있다. 반드시 죽는다는 사실을. 그런데 왜 이 평범한 말이 지금도 가끔 가슴을 '찡'하게 울리는 것일까? 왜 다른 사람은 다 죽지만 나만은 죽지 않고 영원히 살듯이 살아왔을까? 사람은 모두 죽는다는 것을 잘 알면서도 진심으로 자기의 죽음에 대해서는 깊이 생각하지 않고 살아간다. 그래서 살 것만을 생각하고 죽자고 살아가는 것인지도 모른다. 영원히 살 것처럼…. 직업인이든 직장인이든 이런 이치는 마찬가지가 아닐까 싶다.

⚓ 퇴직은 기정사실이다 ⚓

취업준비생 시절, 죽자고 공부해서 오랜 노력 끝에 회사 취직에 성공한다. 주위의 축하를 받으며 화려하게 시작하지만, 회사 조직 생활이란 게 그렇게 녹록하진 않다. 그래도 어렵게 들어온 만큼 혹여나 밀리지나 않을까 노심초사 열심히 일한다. 영원히 다닐 것처럼.

요즈음 각종 언론의 경제면에서 자주 등장하는 말이 있다. '트리플 마이너스.' 투자, 생산, 소비가 동시에 급락한다는 뜻이다. 소비가 안 되니 기업이 투자를 못 하고 투자를 안 하니 소비가 줄어드는 악순환이 계속된다.

기업이 잘되더라도 상황은 마찬가지다. 삼성의 이익이 사상 최대치를 연속으로 기록하고 있다는 보도가 나오지만, 실제 현장에서는 누가 감원될지 노심초사다. 물론 삼성만의 문제가 아니라 모든 기업들이 마찬가지다. 왜 그럴까? 세상의 변화가 너무 빠르다 보니 기업이 살아남기 위해 이에 맞춰 인력을 그때그때 재구성하기 때문이다. 그래서 바퀴 달린 사무실 책상은 보전되지만 고정된 책상은 바로 폐기 처분되고 만다.

자신의 의지대로 인생의 방향을 결정하지 못하고 결국에는 생존을 위해 사회가 정해준 정답과 기준에 맞춰 직업을 선택하는 것이 우리의 현실이다. 그런데 그 답이 비참한 미래를 예견한다는 것이 문제다. 창업을 해도, 대기업에 취직을 해도, 하물며 공무원 시험에 합격해도 행복하지 않은 초라한 자신만 발견하는 이유다. 그럼에도 먹고 사는 것조차 해결하기 어려운 현실인지라 현재 우리나라 청년들이 가장 되고 싶은 직업이 공무원이라고 한다. 공무원을 준비하는 사람은 40만 명에 달하고, 취업준비생 열 명 가운데 네 명은 공시족이다. 심지어 대학입시 준비를 포기하고 공시를 준비하는 고등학생, 이른바 공딩족도 생겨났다.

이게 제대로 된 나라인가 싶지만, 이유야 어쨌든 대한민국에서 살고 있는 한 이들 역시 나와 경쟁 관계에 있을 수밖에 없다. 일자리는 자꾸 줄어드는데 어린애처럼 보이던 후배들은 어느새 훌쩍 커서 이제는 말도 잘 안 듣고 사사건건 반발하고 어떤 때는 오히려 지적까지 한다. 요즈음 입사하는 신입사원들의 '스펙'은 하늘을 찌르고 있는데, 자신은 구닥다리 폐기 처분 대상으로 자꾸만 밀려나는 느낌이다. 회사 초년생 시절부터 정말 열심히 일했는데도 막상 뒤돌아보면 아무것도 안 한 것 같다. 몸이 부서져라 일하면서도 힘들다는 불만보다는 성과를 보여주겠다는 결심을 품고 승진을 꿈꾸며 살아왔다. 가정보다 회사일이 더 즐거웠던 시절이었다. 본인도 잘 안다. 자신의 설 자리가 점점 좁아지고 있다는 사실을. 예전에는 퇴근길 소주 한잔 나누며 동기들과 이런 이야기 저런 고민을 서로 마음 터놓고 이야기하곤 했다. 하지만 이제는 그럴 사람도 없다. 승진했거나, 떠났거나 어떤 이유에서든 지금은 내 곁에 아무도 없다.

문제는 지금도 걱정이지만 앞으로가 더 걱정이라는 점이다. 정말 대책이 무대책이다. 나는 지금 어디에 와 있는가? 이런 삶을 언제까지 계속할 수 있을까? 한 가지 분명하게 깨달은 사실이 있다. 퇴사는 "오늘은 너, 내일은 나." 그래서 고민한다. '준비는 해야지. 하지만 어디부터 어떻게 해야 하지?'

잠시 잊고 있었던 꿈 지도를 꺼내보자. 꿈의 지도를 펴 들고 좌표를 읽어나가 보자. 그리고 커피 한잔 마시며 여유로운 마음으로 삼각자와 컴퍼스를 들고 새로운 좌표를 만들고 이어나가자. 그러나 어느 때보다도 더 냉정하게 만들고 그려야 한다.

스웨덴 우드랜드 공동묘지 현판을 기억하며. "오늘은 나, 내일은 너."

2

회사 안에서
회사 밖 생활을 준비하라

누구나 마음만 먹으면 당장 내일이라도 퇴사할 수 있다. 하지만 대부분의 사람이 원할 때 사직서를 던지지 못한다. 토끼 같은 새끼들과 여우 같은 아내 얼굴이 떠오른다. 경제적 현실, 준비되지 않은 퇴직 후의 생활 등이 두렵기도 하다.

퇴사는 끝나는 지점임과 동시에 새로운 출발점이다. 중요한 것은 퇴사 자체가 아니라 회사에서 무엇을 배워서 퇴사 후 나의 가치를 높일 수 있느냐이다. 또한 그것을 어떻게 2막, 3막의 삶으로 연결시킬 수 있느냐 하는 점이다.

회사는 내가 잘해서 그 업무를 맡기는 것이 아니라 잘할 것 같으니까 맡기는 것이다. 우리의 회사 일상을 뒤돌아보자. 아침에 출근해서 퇴근할 때까지 업무에 몰입하는 시간이 얼마나 될까? 전문가들의 의견에 따르면 몰입해서 업무를 보는 시간은 하루 평균 1.5시간 정도라고 한다. 그 나머지 시간은 회의, 토론, 잡담, 정리 등의 잡무에 쓴다고 한다. 하루 8시간 근무 중 6시간 이상을 회사일은 하되 잡무로 허비하고 있다면 이들 시간을 좀 더 압축하여 줄임으로써 남은 시간을 좀 더 창의적인 회사일에 사용할 수 있을 것이다.

한동안 코감기가 심하게 들어 무척 고생을 했다. 병원에 다니고 약도 먹어서인지 증상은 한결 가벼워졌는데 양쪽 콧구멍이 막히는 고통은 여전했다. 누구나 경험했겠지만 코로 숨을 쉬지 못할 때의 답답함은 말로 표현하기 힘들 정도다. 한 쪽 코만 막혀도 답답해 죽을 지경인데 양 쪽 코가 다 막혀버리면 고통이 이루 말할 수 없다. 저녁에 잠을 자려고 누우면 바로 막히는데 입으로 숨을 쉬어봤자 2~3분 지나면 입이 쩍쩍 마른다.

이번에 알았다. 감기 중에서 사람을 가장 힘들게 하는 감기가 코감기라는 것을. 하지만 평소에는 코로 숨 쉬는 것을 그렇게 고맙게 생각하진 않는다. 너무나 당연해서이다.

⚓ 퇴사 전 회사에서 배울 것들 ⚓

회사란 언젠가는 퇴사해야 하는 곳이다. 평소에는 아무것도 아닌 극히 평범한 업무도 회사를 그만두는 순간 귀중한 자산이 된다. 그래서 퇴사 후 후회하지 않으려면 회사를 다닐 때 많은 것을 배워야 한다. 회사에 다니는 동안 배운다고 생각하면 회사는 돈 받으면서 배우는 아주 고마운 학교가 된다. 돈 받으면서 배울 수 있는 곳! 세상 어디에도 그런 곳은 없다. 지금 내가 다니는 회사 빼고는.

배운다는 관점에서 회사 업무에 접근하면 배울 게 한두 가지가 아니다. 상사, 동료, 후배 대하는 법, 기획하는 법. 회의하는 법, 거래처 관리하는 법, 하다못해 칼퇴근하는 방법까지 엄청나게 다양하다. 그중에서 퇴사하기 전까지 회사에서 배워야 할 중요한 몇 가지만 나열하겠다.

첫째, 시간 관리다. 9시 '땡' 하면 업무 시작하고 6시 '땡' 하면 회사일 끝. 이러면 얼마나 좋겠는다. 하지만 우리 현실은 지각하면 묵사발이고 칼퇴근도 눈치 보며 목숨(?) 걸고 감행하지 않으면 어려운 형편이다. 물론 생산직처럼 전원을 아예 내린다면 가능하지만 이때도 칼퇴근하는 사람은 당당하지 못한 것처럼 보일까 두렵다. 원래 시간은 개인적인 것이다. 회사에 몸이 매이다 보니 개인적 시간까지 회사의 시간이 되어 시간 관리라는 개념조차 잊고 산다. 회사에 있으면서도 개인적인 시간을 통제할 수 있는 법을 배워야 한다. 잘못하면 퇴사 후에도 조직에 익숙해진 시간 개념 때문에 스스로 시간을 통제하지 못하고 시간에 끌려 다니는 사람이 되기 싶다.

둘째, 다양한 업무 경험을 쌓아 내 능력으로 만들어야 한다. 회사는 개인의 적성을 고려해 업무를 분담해주기보다는 '그 정도 능력은 되겠지'라는 전제 하에 업무를 준다. 다양한 부서와 업무를 경험할수록 내가 무엇을 잘할 수 있는지, 무엇에 적응을 잘못하는지를 알 수 있고 탐색의 기회도 늘어날 것이다. 다양한 업무를 하다 보면 어느

한 가지가 다른 업무보다 더 배우고 싶다든지 전문성을 키우고 싶다는 생각이 들 때가 있다. 이것이 다른 일에 비해 좀 더 자신의 적성에 맞다고 이야기할 수 있다. 또 한 가지가 더 있다. 회사에 있을 때는 별로 중요하지도 않고 하고 싶지도 않은 업무가 퇴사 이후에는 중요한 업무 지식이 될지도 모른다는 사실이다. 앞으로의 시대는 불확실성 시대다. 어느 때 어느 것이 필요할지는 아무도 모르다.

"이런 것도 능력이랄 수 있나?", "별 쓸모도 없는 능력 같은데!", "이게 돈 돼?"라며 넘기지 말고 지금 하고 있는 업무의 모든 것을 지식 흡입기로 빨아들여라. 세상은 지금은 딱히 쓸 데가 없더라도 마찬가지다. 내가 원한 적 없는 엉뚱하고 별 쓸모없는 능력조차도 살다 보면 꼭 필요한 경우가 생기는 곳이 세상이다.

셋째, 기본기가 중요하다. 스포츠에서 어린 선수를 가르칠 때 중요하게 여기는 것이 기본기다. 기본기가 잘 되어 있지 않은 선수는 어느 선에 이르면 더는 발전을 기대할 수 없다. 회사 업무도 마찬가지다. 앞으로 내가 하고자 하는 분야의 전문성을 키워야 한다면 먼저 비즈니스의 기본부터 제대로 체득해야 한다. 직장에서 시간 관리는 어떻게 해야 하는지, 목표 설정은 어떻게 하는지, 커뮤니케이션은 어떻게 하는지, 회의와 미팅은 어떻게 하는지, 보고서·기획안·회의록은 어떻게 작성하는지 등 비즈니스의 기본과 조직의 기본 생태를 제대로 습득해야 한다. 회사에서 배운 기본기는 나중에 큰 도움이 된다.

넷째, 운영 시스템을 배워라. 나중에 1인 기업을 창업하든 자영업을 하든, 아니면 프리워커가 되든 조직에 대한 기본적인 이해가 중요하다. 만약 자신이 직접 회사를 운영해볼 기회가 주어진다면 더욱 좋지만, 그렇지 않더라도 가능한 한 다양한 사내 부서 간의 메커니즘을 경험하고 기획 및 기능별 운영 생리를 파악하는 게 필요하다. 조직의 운영 메커니즘의 핵심은 어느 조직이나 비슷하게 적용되기 때문에 나중에 어떤 소규모 조직에도 적용할 수 있다. 기본적인 조직에 대한 이해가 없이는 사업 운영 체계를 효율화할 수 없다.

다섯째, 결국 인간관계다. 일이란 게 무엇인가? '일'의 정의를 내리기 전에 보통은 그 사람이 어떤 일을 하느냐가 그 사람을 규정한다고 생각하게 된다. 그러나 현실적인 일은 '어떤 일을 하느냐'가 아니라 '그 일을 해서 얼마나 버느냐?'로 규정된다. 경제적인 해결이 없는 한 그 어떤 가치나 열정도 공허한 외침이 될 뿐이다. 그런데 세상일 가운데 혼자 할 수 있는 일은 결코 없다. 어떤 식으로든 연결되고 또 연결되게 되어 있다. 결국 '일=인맥'이라는 공식을 인식하고 회사에서부터 끊임없이 맺고 연결해야 한다.

이렇게 준비하고 공부하고 노력해도 막상 퇴사를 하고 보면 또 아쉬운 점이 있기 마련이다. 그러나 퇴사하기 전 회사를 다니는 동안 마음의 준비를 하고 위와 같이 준비를 한다면 퇴사 후의 불안을 조금이라도 줄일 수 있을 것이다.

여유는 있지만 퇴사 준비는 하기 싫다면 어떨까? 그 상태로 몇 년 보내면 마음의 준비도 못 하고 퇴사를 당하든지, 그만두든지 둘 중 하나의 결말을 맞이하게 될 것이다.

퇴직 이후 모든 문제는 체력 싸움이다

사람마다 약한 부분이 있다. 남이 알아챌 수 있는 단점이든 나만 아는 단점이든 사람이기에 단점이 있다. 나도 그렇다. 장점은 일부러 잘 드러나도록 하지만 단점은 되도록 남들이 잘 볼 수 없게 한다. 남들이 잘 알 수 없도록 감추려고 애를 쓴다.

나의 경우 가장 큰 단점은 게으름이다. 특히 늦잠 자는 버릇은 남들보다 유난히 심했다. 늦잠 자는 버릇 때문에 곤경에 빠지거나 남들에게 민폐를 끼친 적도 많았다. 물론 이 못된 버르장머리를 고치려고 내 나름으로 많은 노력을 했다. 하지만 워낙 고질적인 병폐인지라 백약이 무효였다.

나는 이 병폐의 요인으로, 첫째 유전적 요인을 꼽는다. 자라면서 아버지가 뛰는 모습을 단 한 번도 본 적이 없다. 그리고 "이건 급한 일인데"라고 말씀하시는 걸 들어본 적이 없다. 또한 아버지는 아무리 바빠도 잠은 충분히 자야 한다는 신념(?)을 지닌 분이었다. 이 피를 이어받은 우리 형제들은 늦는다는 것에 대한 죄책감이나 미안함이 덜했다. 그리고 손해는 어쩔 수 없는 것이라는 아주 이상한 편안함(?)을 함께 누렸다.

두 번째 원인은 나 자신의 게으름이다. 나는 어떤 일이고 단번에 해치우는 법이 없다. 이래서 미루고 저래서 다음을 기약한다. 그것이 생명이 걸린 문제가 아닌 다음에는 그리 급할 것이 없다는 마음이 앞서기 때문이다. 이런 생각이 늦잠을 정당화시키는 한 가지 원인으로 작용해서 늦잠을 자는 버릇이 굳어진 것 같다.

늦잠 자는 버릇을 고치겠다고 별의별 노력을 다 했다. 하지만 얼마 지나지 않아 처참한 상처만 남기고 실패에 실패만 거듭했다. 눈을 감고 주먹을 불끈 쥐며 다짐에 다짐을 하면서 '정신일도하사불성精神一到何事不成'을 수십 번 외칠 때는 이제 개과천선할 일만 남은 것 같았다. 그러나 막상 아침이 되면 말짱 도루묵이었다. 결심했던 6시 기상은 고사하고 늦잠도 자기 일쑤였다. '내가 왜 그랬지?' 하면서 머리만 벅벅 긁었다. 나중에는 몸도 마음도 지쳐서 기상이고 운동이고 다 남의 일처럼 느껴졌다.

⚓ 마음의 문제, 몸의 문제 ⚓

많은 사람이 '어떻게 하면 나의 단점을 고칠 수 있을까'라는 문제를 고민한다. 노력하면 고칠 수 있다고 생각한다. 물론 어떤 일에나 노력이 필요하지만, 노력만으로 단점을 고치는 데는 한계가 있다. 고치려는 시도는 해보지만 체계적이고 끈기 있게 행동하여 그 목적을 이루는 사람은 많지 않을 것이다. 노력은 목적을 이루기 위한 수단이기 때문이다.

그럼 어떻게 해야 하는가? 나의 경우 여러 원인이 있었지만 핵심은 분명했다. '반드시 해낸다'는 결심과 노력만 있었지 선행되어야 할 강인한 체력이 없었던 것이다. 처음에는 힘들어도 독한 마음을 먹고 정신력으로 버텨보지만 그렇게 버티는 것도 2~3일이었다. 체력적으로 감당하지 못하면 결국에는 포기하게 되어 있었다. 근본적으로 체력을 키우지 않고 정신력으로 나를 극한까지 몰아치다 보면 나중에 큰 대가를 한꺼번에 치를 확률이 높다.

나는 2016년에 정말 친한 친구 한 명을 떠나보냈다. 일본, 중국, 동남아 등에 원단 무역을 했었는데 정말 무섭게 일했다. 젊었을 때부터 "난 없는 집안에서 태어난 죄가 있으니 죽기 아니면 살기로 일한다"란 말을 늘 입에 달고 다녔다. 그러면서 "정신력으로 버티면 안 될 것이 없다"고 외쳤다. 나는 몸도 약한 그가 관리도 안 하고 오직 정신력 하나만으로 모든 걸 견뎌내는 것을 지켜보면서 대단하다고 생각했다. 그는 성공도 하고 돈도 많이 벌었다. 친구들 모두가 그를 부러워했고 친구 아내들도 선망의 눈초리로 그를 바라보며 남편에게 "당신은 뭐야?" 하며 눈을 흘기곤 했다.

그러던 친구가 감기에 걸렸는가 싶더니 얼마 안 가 암으로 유명을 달리했다. 그는 세상을 떠나기 전 병원 침상에서 뼈만 남은 몸으로 말했다.

"참 멍청한 짓이었어. 몸이 나에게 몇 번을 말했거든. 제발 살려달라고. 그런데 나 스스로에게 한가한 소리 하지 말라고 무시해버렸어. 무식하게 약봉지 들고 뛰는 게 잘하는 짓인 줄 알고… ."

현대그룹 창업주 고 정주영 회장은 부지런한 노동자로 한 분야에서 일가를 이룬 유명한 사람이다. 그는 새벽 4시면 어김없이 기상했는데, 그 이유가 "더 많이 일하고 싶어서"였다고 한다. 또 살아 있으면서 가장 많이 했던 말이 "이봐, 해봤어?"라고 한다. 짧지만 굉장히 많은 의미를 내포한 질문이다. 남자다운 패기와 긍정적인 태도가 팍팍 느껴지지 않는가? 그런 그가 가장 신경을 쓴 것은 다름 아닌 체력이었다. 현대 하계 수련회에서 직원들과 씨름하는 정주영 회장의 사진은 유명하다. 그에게는 타고난 체력도 있었지만 이것을 철저히 관리함으로써 체력을 유지할 수 있었다.

그는 자서전에서 "머리는 쓰라고 얹어놓은 것이다"라고 말하면서 "불도저 같은 체력이 있기에 나는 다 극복할 수 있었다"고 쓰고 있다. 흔히 정 회장을 황소 같은 고집과 뚝심으로만 기억하는 사람들이 많지만, 사실 그는 어떤 일을 하든 나름대로 앞뒤를 꼼꼼히 살피고 철저하게 준비하는 사람이었다. 그의 이런 준비성은 평소에 강인한 체력을 가꾸었기에 가능했다. 정 회장은 해외 건설 현장 출장이 잦아서 열 시간 넘게 비행기를 타는 일이 많았다. 그런데 그를 수행하는 사람보다 훨씬 고령임에도 불구하고 시차 적응과 같은 문제로는 거의 고

생하지 않았다고 한다. 바로 체력과 준비 때문이다.

여행을 떠나기 몇 시간 전, 정 회장은 테니스와 수영으로 몇 시간 땀을 쭉 빼서 체력을 소진했다. 그러면 비행기를 타는 순간부터 몸이 알아서 휴식을 청한다. 비행기 안에서 가벼운 식사와 위스키로 몸과 마음의 컨디션을 이완시킨다. 그리고 잠에 빠진다. 도착지에 내리면 거뜬한 컨디션으로 바로 현장으로 가서 뛰고 그날 저녁 다시 잠을 푹 자는 방식으로 신체 리듬을 관리했다고 한다.

나는 건강을 잃는다면 결국 모든 것을 잃어버리는 것이고 강인한 체력을 가지는 것이 성공의 첫걸음이라는 사실을 깨달았다. 그래서 모든 걸 뒤로하고 우선 운동에 전념했다. 수영, 라켓볼, 헬스 등 아침을 운동으로 시작하고 저녁에 운동으로 하루를 마감했다. 처음에는 힘도 들었고 무엇보다 시간이 없었다. 몸이 피곤하니 만사가 귀찮았고 몸이 늘어지니 일도 덩달아 늘어졌다.

그런데 그러던 어느 날, 누가 시키지도 않았는데 알람 시간을 5시에 맞추고 있는 나를 발견했다. 운동에 몸이 어느 정도 적응이 되니 겉으로 근육도 보이고 '제법 운동한 것 같은 폼도 났다. 재미가 생기고 몸을 더 만들고 싶다는 욕심도 나니 이제는 혹시 눈 많이 와서 헬스장 문 닫을까 걱정하는 정도가 되었다. 또 아침에 스스로 일찍 일어나니 마음도 여유롭고 시간에도 여유가 생겼다. 그렇다고 일부러 마음 다스리는 공부를 한 것도 아니고 낮에 일을 적당히 한 것도 아니고 독서 등 취미생활을 못 한 것도 아니었다. 사시사철 감기를 단짝친구처럼 달고 살았는데, 운동을 시작하고부터는 감기를 잊고 살았다.

퇴직 준비생은 이미 세월에 많은 것을 빼앗긴 세대다. 눈도 가물가물하고 많이 걸었다 싶으면 다리가 저려오고 허리힘도 하루하루가 다르다. 예전 같지 않은 체력 때문에 일에 대한 자신감도 많이 떨어지고 새로운 일에는 겁부터 나는 것이 사실이다.

그렇지만 그것은 자연스러운 노화 현상이다. 노화는 걱정한다고 해결될 문제가 아니다. 나이를 먹어가는데 반대로 몸은 젊어진다는 것은 가능하지 않다. 설령 그렇게 된다고 해도 그것 역시 반길 일은 아니다.

⚓ 체력부터 길러라 ⚓

퇴준생에게 가장 중요한 것은 강인한 체력이다. 먼저 강인한 체력을 갖추어 내 생체 리듬이 거기에 접합하도록 만든 다음 좋은 습관들이 내 몸에 배도록 해야 한다. 습관 만들기도 무식한 사람이 잘하는 법이다. 기상 시간을 정했으면 이런저런 생각 할 것 없이 무조건 일어나는 것이다. 그렇게 꾸준히 반복하다 보면 버릇이 되고 몸에 밴 습관이 된다. 먼저 좋은 습관을 만들면 그 습관이 나를 부지런한 사람으로 만든다.

일찍 일어나고 싶은가? 그렇다면 가장 먼저 일찍 일어나는 습관을 만들면 된다. 단, 강인한 체력을 먼저 만들어라. 몸이 가면 정신은 따라온다. 공연히 나처럼 '정신일도하사불성'이라고 떠들어봐야 힘만 빠진다. 다시 말하지만 단순하고 무식한 놈이 용감하다. 새로운 습관을 만들 때에는 단순 무식한 게 좋다.

두 번째는 자기 몸에 투자해야 한다. 동창회 가서는 인맥 관리한다며 술값으로 몇십 만 원도 쓰면서 왜 자기 몸에는 투자하지 않는가. 자기 몸에 투자하라고 하면 어떤 사람은 "내일부터 달리기 열심히 하겠다"고 대답한다. 이렇게 대답하는 사람은 대부분 달리기를 하지 않는다. 지금까지 숨쉬기 운동만 해왔는데, 운동 하라니까 별 생각 없이 덜컥 대답했을 뿐이다. 그런 사람이 내일이라고 달라질까? 내일이 되면 또 내일부터라고 미루기 십상이다.

고층 건물을 지을수록 지하실 바닥을 단단히 다져야 한다. 체력 역시 전문가를 찾아가 전문적인 지도를 받으며 운동하고 몸에 좋은 음식도 먹어야 한다. 기초를 세우지 않고 건물을 짓듯, 무작정 달린다고 해결될 문제가 아니다. 퇴준생은 체력이라는 기초가 단단하지 못하면 오래 버티는 것도 어렵거니와 즐겁고 행복한 2막의 삶을 열 수도 없다.

나는 운동 전문가는 아니지만 이것만은 확실히 안다. 내 체력을 높이는 일에 쓰는 돈은 확실하고 안전한, 그리고 부가가치가 매우 높은 투자다. 절대 어떤 도둑맞는 일도 없다. 내가 경험한 사실이다.

늦잠 자는 버릇을 없앤 결정적 요인은 강한 체력이었다. 이것을 첫 걸음으로 삼아 소소한 나쁜 습관들을 고치기 시작했다. 그 결과 나 자신도 예상하지 못한 엄청난 변화를 이룬 나를 발견했다. 하나님께 감사했고 나 자신에게 대견함을 느꼈다. 자신을 변화시키고 싶다면 사소한 버릇이나 행동들을 조금씩 고쳐나가는 게 아니라 먼저 강인한 체력을 기르는 게 좋다. 그러면 삶을 의미 있게 가꿀 수 있는 여유와 행복을 덤으로 얻는다.

퇴직 5년 전에 절대 하면 안 되는 것들

퇴직했거나 은퇴한 사람들은 보통 4~6개월간은 편안하고 즐겁고 행복한 시간을 보낸다고 한다. 시간도 천천히 간다. 누구도 안쓰럽게 바라보거나 위로의 말을 하거나 짜증을 부리는 사람도 없다. '마땅히 그래야 하는 것'처럼 본인도 여유 있게 생활한다. 그런데 그 여유로움이 나태로 느껴지기 시작하는 순간이 온다. 평일 대낮에 동네를 어슬렁거리다 보면 만나는 이마다 바쁘게 지나간다. 뭐가 그렇게 바쁜지는 몰라도 나만 한가롭게 걸어갈 뿐이다. 멀쑥해지기도 하고 갑자기 가족에게 미안한 생각이 든다. '퇴사했다고 아무것도 하지 않고 사는 것이 나쁜 것은 아니지만 그렇다고 그게 괜찮은 것은 아니구나.'

어쩌면 이미 가족들은 내가 안쓰럽게 보여도 내색하지 않고 있을지도 모른다는 생각이 들기 시작한다. 아니, 이미 측은하게 여기고 있을 거라는 짐작이 굳어진다. 그러나 어쩌란 말인가? 무슨 뾰족한 수가 따로 있는 것도 아닌데…. 다시 옛날로 돌아갈 수도 없지만 자꾸만 회사생활이 그리워진다. 그러면 '아, 그때 준비는 고사하고 이런 것만 안 했어도 이렇게 빨리 나오지는 않았을 텐데' 하는 후회가 밀려온다.

⚓ 소중한 인간관계를 망치지 마라 ⚓

내가 아는 A씨는 40대 중반에 자의반타의반으로 회사에서 퇴직했다. 회사를 그만두면 자유롭게 하고 싶은 일을 하겠다는 말을 입에 달고 살았던 사람인지라 정말 그렇게 살 줄 알았다. 그러나 막상 퇴직 후 현실에서의 A씨는 초라하기 짝이 없다. 나중에 안 사실이지만 A씨는 만나는 사람마다 회사에 나가는 것을 마치 봉사하러 다니는 것처럼 이야기했고, 동료들과의 사이도 매끄럽지 못한 것들이 인사고과에 반영되면서 점점 한직으로 밀려났다고 한다. 결국에는 퇴사를 하게 된 것이다.

〈한겨레신문〉이 보도한 2016년 삼성화재의 인사 관련 자료를 보면, 2016년 말 현재 이 회사에 근무하는 부장 보직자 221명 가운데 만 53세를 넘긴 이는 한 명도 없었다. 만 53세는 1명, 50~52세는 28명이었다.

나이가 인사 평가에 영향을 미치기 시작한 것은 정년 55세 시대가 무너지기 시작하면서부터다. 정년이 60세로 늘어나면서 부서장 인사에 병목 현상이 일어나기 시작했다. 말하자면 만 40세만 넘어도 회사에서 부담스러운 존재로 느끼기 시작한다는 뜻이다. 어느 날 갑자기 인사 정책이 바뀌면서 압박해오는 것이 아니라 자연스럽게 그렇게 되는 것이다.

예전에는 대기업 같은 큰 조직에서는 업무 능력이 조금 떨어져도 인간관계만 신경 쓰면 정년까지는 문제없이 버텼다. 이제 이런 상황은 고사성어로 나올 옛날이야기가 되었다. 40대 중반부터는 꼰대 아닌 꼰대로 취급받기 십상이다. 자신이 알든 모르든 회사에서 꼰대라는 꼬리표가 붙으면 능력이 특출하거나 임원급의 승진이 아니면 서서히 한직으로 돌린다. 이쯤 되면 회사에서는 절대 대놓고 나가라는 말은 하지 않는다. 하지만 모두가 나가라는 뜻인 걸 안다.

그래서 회사 중간 연차쯤 되어 업무 능력이 크게 차이가 나지 않는다면 일보다는 인간관계가 중요하다. 평생 다닐 생각이 아니고 퇴사를 할 땐 하더라도 남는 것은 인간관계다. 그런 점에서 본다면 회사생활은 오르지 관계의 연속인지도 모른다.

보통 회사 인맥을 비즈니스 인맥이라고 해서 본인이 회사를 그만두면 사실상 회사 인맥도 끝난다고 생각했다. 회사에서 만나 동료나 파트너 혹은 거래처 인사 등은 현직에서 만나 알게 되지만 업무의 종료와 함께 관계가 끝난다. 그래서 퇴직 후에 이들과 만나는 일조차 거의 없다시피 하게 된다. 업무의 단절이요 경력의 단절이기 때문이다. 그러나 지금은 비즈니스 인맥을 퇴사 후에도 가장 유용한 인맥으로 활용하는 사람이 많다.

상황이 이런데도 인간관계 관리를 잘못하는 사람이 많다. 윗사람이라고 해서 직원들을 함부로 대해 불편한 관계가 계속되고 비즈니스 인맥에까지도 갑질을 함으로써 고립을 자초하는 사람들도 있다. 사람에 대한 뒷담화를 입에 달고 다니는 행위도 절대 해서는 안 된다. 그뿐만 아니라 남이 하는 뒷담화도 되도록 기억하지 않는 것이 좋다. 특히 직장 내에서는 종교적인 이야기, 정치적 이야기는 피하는 것이 좋다.

⚓ 퇴사한다고 떠들고 다니지 마라 ⚓

자신이 언제쯤 퇴사할 생각이라는 말은 절대로 해서는 안 된다. 그 말이 입 밖으로 나오는 순간 그 날짜보다 훨씬 앞선 날짜에 퇴사하게 될 위험이 높다.

다음으로 다른 사람에게 '이 사람은 곧 그만둘 사람이구나' 하는 인상을 주어서는 안 된다. 퇴사를 결심한 듯 뒷짐 지고 다니면서 업무를 건성으로 처리하는 것은 절대 금물이다. 또 회사 업무에서 부하 직원이 명확한 가이드를 필요로 하는데도 '알아서 하라'는 식으로 관리하다가 '잘되면 내 탓이고 잘못되면 네 탓'이라는 식으로 행동하면 매우 나쁜 인상만 남길 뿐이다. 이런 성과 가로채기는 꼰대 근성을 못 버린 관리자들의 전형적인 모습이다. 퇴사하기 전까지는 그럭저럭 버틸 수 있을지 모른다. 하지만 퇴사 후에는 기피 인물 1호로 지정되게 한다.

결론적으로 이것저것 골치 아프게 생각할 것 없다. 한마디로 정리하면 '퇴사를 걱정해야 되는 시기가 왔구나' 하는 생각이 든다면 내가 처음 회사에 입사했을 때를 생각하면 된다. 나는 저런 꼰대가 절대 되지 않겠다고 결심하던 시절을 떠올리면 본인이 지금 이 시점에서 무엇을 해야 하는가보다는 무엇을 하지 말아야 할지 분명하게 알 수 있다.

입사도 퇴사도 힘든 건 매한가지다. 어느 하나 힘들지 않은 것이 없다. 그렇다면 중요한 것은 현재다. 퇴사 후를 걱정하고 공부하고 준비하기 이전에 현재 생활을 바로잡아야 한다. 지금 회사생활을 재정립하고 어떤 것을 하지 말아야 할지부터 차근차근 챙기면서 다음 단계로 나가야 한다.

만약 그런 '거리'가 쉽게 떠오르지 않는다면 어떨까? 그렇다면 당신은 둘 중에 하나다. 아직 절박하지 않거나 '어떻게 되겠지'라는 생각에 빠진 바보이거나.

퇴직 5년 전부터 반드시 시작할 것들

퇴사를 준비하며 하지 말아야 할 것들을 정했다면 회사생활을 전과는 다른 시각으로 접근하게 될 것이다. 이와 병행해서 회사를 떠나기 5년 전부터 반드시 시작해서 퇴사 시점까지 꾸준히 해야 될 일들이 있다. 이것들은 해도 되고 안 해도 상관없는 일들이 아니다. 반드시 해야 하는 기본이다.

'퇴직 준비 5년'이라고 하니 시간이 꽤 많이 남은 것처럼 생각하는 사람도 있다. 그래서 노파심에서 한마디하겠다. 내가 퇴사를 해야 한다고 자각하는 그때부터 시간은 쏜살같이 지나간다. 하지만 이 시간을 얼마나 알차고 가치 있게 보내느냐에 따라 퇴직 후의 삶이 결정된다고 해도 과언이 아니다. 가장 이상적인 경우는 어떻게든 현역으로 정년퇴직하고 다시 비정규직으로 계약해서 5~6년 정도 더 현역으로 일하다가 회사에서 감사의 표시로 하청회사 임원 4~5년 하게 해주는 것이다. 이보다 좋은 플랜은 없다. 이런 고난도의 퇴직 커리어 관리는 시쳇말로 '인생 대박'이며 '소름 돋는 직장인'에만 해당한다. 하지만 이렇게 운이 좋은 사람은 극히 드물다.

⚓ 꿈, 체력, 시간 ⚓

나이만 먹었지, 가진 것도 별로 없고, 현실은 초라하고, 딱히 내세울 것도 없는 게 우리 대부분의 모습이다. 그러나 실망할 것 없다. 이제부터라도 앞으로 세상을 뒤흔들지도 모를 나를 위해 하나하나 기본이 되는 사항부터 차분히 준비하면 된다.

첫째는 '꿈'이다. 어제저녁 잠결에 꾼 희미한 꿈을 연상하는 사람은 없을 것이다. '꿈'은 뿌연 안개 속의 희망 사항이 아니라 확연히 모습을 드러낸 '완성된 내 모습'이다. 생각하기 나름이지만, 퇴사라는 것은 사실 더 나은 미래를 위한 하나의 과정이자 전환점이다. 이 시점에서 다시 한 번 자신의 꿈이 무엇인지 명확하게 규정할 수 있어야 한다. 꿈이 없이 어떤 일에 대한 목표만 먼저 세우는 것은 모래 위에 성을 짓는 것과 같다.

특히 퇴직 후의 삶에서는 부부의 절대적인 협력이 중요하다. 그러므로 '부부의 꿈'이 있어야 한다. 꿈이 있는 부부와 꿈이 없는 부부는 삶의 방식부터 다르다. 함께 꿈을 이뤄가는 부부가 행복한 부부다. 개인은 불행한데 부부는 행복하다는 말은 절대 성립하지 않는다. 행복한 부부는 서로가 서로의 꿈을 이룰 수 있도록 완벽한 조력자가 되려고 노력하는 관계다.

둘째는 강인한 체력이다. 40대 중반이 되면 세월에 많은 것을 빼앗긴 상태가 된다. 정신도 그렇고 신체도 그렇고 마음도 그렇다. 육체는 내 존재의 근본이다. 육체가 바로 서지 않고서는 아무것도 할 수 없다. 그런데도 사람들은 육체를 함부로 대한다. 마치 정신을 모든 것의 근본으로 착각하고 육체를 하인처럼 다룬다. 사회적 분위기도 정신적인 면을 강조하고 가장 우위에서 가르친다. 이것을 반영한 대표적인 말이 '정신일도하사불성'이다. 이런 교육을 받고 자란 우리는 정신을 상위에 놓는다. 어떤 대사를 논의할 때 정신적인 면부터 따진다. 그런데 실전에서 장기전으로 가면 이야기가 달라진다. 체력이 좋은 사람이 공부도 잘하고 좋은 성과도 올린다. 모든 일의 기본이 체력이기 때문이다.

물론 개중에 독한 정신력으로 버티는 사람도 있다. 그러나 그것도 1~2년이다. 근본적으로 체력을 키우지 않고 정신력으로만 버티는 사람은 결국 한꺼번에 대가를 치르게 되어 있다. 단기적으로는 정신력이 몸을 끌고 가지만, 장기적으로는 몸이 정신을 끌고 간다. 반드시 그 시간의 차이만큼 노화되는 만큼 몸에 투자해야 한다. 몸에 좋은 음식을 먹어야 한다. 지금까지 육식을 좋아했다면 이제부터는 채식을 즐겨 먹어야 한다.

운동도 중요하다. 운동은 적당히 하는 게 아니다. '오늘은 어느 곳의 근육에 스트레스를 줄까?'를 생각하며 하는 것이다. 근육이 스트레스를 받는 만큼 정신은 즐거워진다는 사실을 명심하자.

셋째는 시간이다. 퇴사 이후의 시간은 회사생활을 할 때의 시간과는 질적으로 다르다. 퇴사 전에 직장이라는 공간에 종속당한 의미의 시간이었다면, 그 이후의 시간은 개인이 자유의사에 따라 사용하는 시간이다. 그러나 회사를 오랜 기간 다니다 보면 자신도 모르게 회사에 시간을 빼앗긴 것 자체를 잊고 회사 시간에 맞춰진 생활에 익숙해진다. 지시에 의한 틀에 박힌 시간개념이 상당 기간 지속되고 반복되다보면 자율적인 시간 관리가 어렵게 되고 결국 시간의 통제권을 상실해버리게 된다.

따라서 지금까지 해온 방식의 삶에서 일부 시간의 사용을 조금 바꾼다는 개념으로는 절대 준비 시간을 확보하지 못한다. 가끔 "퇴근 후 1시간을 자기계발에 사용한다"는 이야기를 듣는데, 매일 이렇게 하는 게 가능할지 의문이다. 2~3일은 모르겠지만 꾸준히 하는 건 거의 불가능하다. 한국 사회에서 직장인이 그렇게 하도록 가만히 내버려두지 않는다.

소심한 계획으로는 목표를 달성하기 어렵다. 퇴사를 준비하겠다고 결심했다면 우선 준비를 할 수 있는 규칙적이고 일정한 시간을 확보해야 한다. 물론 지금까지 열심히 살아왔으며, 바빠서 그렇게 하기 어렵다고 생각할 수도 있다. 하지만 아침에 좀 더 일찍 일어나고 점심시간을 쪼개서 무엇을 하고, 이동하는 짧은 시간에 읽고 하는 등의 자투리 시간을 이용한 소극적 방법으로는 혁신적인 변화가 어렵다. 또 시간 확보가 어렵다고 극단적으로 몰리면 안 된다. 자는 시간이 아까워서 책상에 쪼그려 잔다거나 밥 먹는 시간을 줄이려고 무조건 비빔밥을 만들어 먹는다거나 저녁의 모든 모임을 단절해버리는 악수는 두지 말아야 한다.

우리 퇴준생은 새로운 시간을 창조해서 그 시간에 집중적으로 퇴사 준비를 해야 한다. 개인적으로 확실하게 시간을 확보하여 꾸준하게 투자하는 3시간이 퇴직 후 20년의 걱정을 말끔히 지울 수 있다는 것을 명심하자.

⚓ 공부, 돈, 인간관계, 일과 취미 ⚓

넷째는 공부다. 공부는 무엇보다 절실함이 있어야 한다. 학생 때의 공부도 그렇지만 중년의 공부에 절실함이 없으면 냉정한 현실을 헤쳐나가기 어렵다. 퇴직을 준비하는 데 꼭 필요한 것이 공부다. 그것도 창조적 공부다. 영어 단어 하나 외우고, 공식 하나 더 외워서 '스펙'을 높이는 건 진짜 공부가 아니다. 진짜 공부는 세상에 나를 바로 세우기 위해 남과 차별화된 실력을 쌓는 것이다. 그냥 쌓은 게 아니라 이번 공부에 사생결단을 낼 각오로 실력을 쌓은 것이다.

공부를 할 때는 상사나 선배에게서 배울 수도 있고 다른 이를 가르치며 배울 수도 있다. 또 체계적인 독서에서 배울 수도 있고 학원이나 공인된 교육기관에서 배울 수도 있다. 단, '나'라는 독보적인 브랜드를 만들 수 있는 공부라야 한다.

여기서 꼭 유념해야 할 점이 공부에 돈이 필요하다는 것이다. 공부를 위한 예산을 미리 세워서 돈 때문에 공부를 포기하는 일이 없도록 하라. 가시적인 성과와 결과를 내지 못하는 중년의 공부는 아니한 것만 못하다.

다섯째는 돈 관리다. 중년이 되면 들어오는 돈은 수돗물인데 나가는 돈은 폭포수다. 잠깐 사이에 엄청난 돈이 사라져버린다. 그래서 중년의 돈 관리나 재테크에는 자신만의 비법이 반드시 있어야 한다. 자본주의가 이러니저러니 하는 말은 별로 중요하지 않다. 돈으로부터 자유로워지기 시작하면 인생 품격이 높아진다. 부자도 싸우고 거지도 싸우지만 싸움의 격이 다르지 않는가?

돈이 없으면 돈의 노예가 되고 돈이 풍부하면 주인으로 살 수 있다. 우리가 부자가 되려고 별의별 일을 다하는 이유는 여유롭고 풍요롭게 살기 위해서다. 어떤 이들은 이렇게 말한다. "마음만은 부자입니다." 이런 분들은 둘 중 하나다. 해탈한 도승이거나 세상살이를 포기했거나. 돈은 애물단지라 있을 때는 느끼지 못하다가 없어지면 그 소중함을 알게 된다. 돈이 없어 가족이 쫄쫄 굶고 있다면 눈에 보이는 게 있겠는가? 그런 상황에서도 "나는 돈 때문에 그런 일 못 해"라고 말하는 사람은 나쁜 사람이다. 오히려 돈을 벌 수 있으면 어떤 일이든 가리지 않고 하는 사람이 정상적이다.

그러므로 지금 당신에게 돈이 있느냐 없느냐는 중요하지 않다. 오히려 주머니에 한 푼도 없는 것이 기회다. 왜냐하면 이것저것 따지고 물을 것도 없이 돈에 미쳐야 하기 때문이다.

단, 여기서 주의할 게 있다. 돈은 써야 한다. 아낌없이 써야 한다. 그렇다고 부동산에 써야 한다는 이야기가 아니다. 자신에게 투자해야 한다. 자신에게 투자하는 것이 안전하면서도 최고의 수익률이 나온다. 처음에 투자할 때는 별로 이익도 발생하지 않고 표시도 안 나고 앞으로도 별로 신통치 않을 것처럼 보인다. 하지만 블루칩은 어느 날 갑자기 되는 것이 아니다. 이 세상에서 가장 안전하고 수익률이 가장 높은 투자처는 바로 나 자신임을 믿고 거침없이 투자해야 한다. 절대 불안해할 필요가 없다. 남이 결코 훔쳐가지 못한다.

여섯째, 인간관계다. 공연히 회사에서 이 일 저 일 기웃거리고 상사나 부하 뒷담화하는 데 침 튀기며 나서고, 동료들과 정치가 어쩌니 저쩌니 열 올리는 일은 없어야 한다. 수다를 떨고 싶으면 차라리 퇴근 후에 동호회나 온라인 모임에 나가는 게 생산적이다. 거기서 새로운 사람들도 만나고 낯선 미팅도 해보는 것이 차라리 낫다. 주변을 둘러보면 업무 면에서는 탁월한 성과를 올리는 사람이 인간관계 면에서 점수를 깎아먹는 경우가 흔하다. 그런 사람은 이기심이 강하고 남과의 어울림에서 철저하게 손익을 따지는 경향을 보이곤 한다. 이런 사람이 된다면 남들과 어울려 일하기 힘들다. 하늘에서도 혼자 빛나는 별은 없는 법이다. 회사에서는 더 말할 필요도 없다.

회사에서는 능력뿐만 아니라 인성에서도 부족함이 없는 사람이 되자. 그렇게 넉넉하고 여유로운 인품은 아니어도, 독기를 품고 사생결단 달려들거나 가랑이를 찢는 악바리로 보여서는 안 된다. 그보다는 자존감 높고 인품 있는 선배로 자리매김한다면 퇴직 후의 관계도 매끄러울 수밖에 없다. 그러나 매끄러운 관계도 깊게 믿지는 마라. 특히 퇴직하면 적극적으로 밀어준다는 선후배나 거래처 관계자의 말은 이미 부도수표나 진배없다고 보면 된다. 사내 네트워크는 회사 문밖으로 나서는 순간 공염불이요 물거품처럼 사라진다.

그런데 '나에게는 그리 못 할 사람들이지'라고 자기 인간관계를 굳게 믿고 있는 사람이 많다. 안타까운 일이다. 과신하지 마라. 그들은 당신에게는 그렇게 하고도 남을 사람들이다.

그렇다 하더라도 인간관계가 가장 중요하다. 로또에 당첨되는 일을 빼고 모든 행운은 사람으로부터 온다. 오프라인 인맥에서도 오고 온라인 인맥에서도 온다. 인적 네트워크 확장을 위해 퇴직 5년 전부터 전력을 다해 노력해야 한다.

일곱째, 취미와 일을 잘 구분하라. 흔히 '나는 퇴직하면 내가 하고 싶은 것을 하면서 살 거야', '좋아하는 일을 하며 살아야지' 등과 같이 생각하는 사람들이 있다. 하지만 여기에 대해서는 신중하게 생각해보아야 한다. 당신이 즐기고 좋아하는 것일지라도 그것이 최고의 직업이 되리라고 자신 있게 말할 수 있는가? 어떤 일이든 매일 하면 지겹고 힘들어지는 법이다. 취미도 경제적·시간적 여유를 가지고 해야 흥미가 생기고 재미가 있다. 당신의 취미를 일이라 생각하고 해보라. 금세 마음이 바뀔 수 있다.

"당신이 하고 싶은 일은 무엇인가?"라고 질문하면 많은 사람이 "가슴 뛰는 일을 하고 싶다!"고 대답한다. 그런데 가슴 뛰는 일을 실제로 해보면 많이 달라진다. 나는 가슴 뛰는 일을 한다고 뛰어들었다가 뒤로 넘어지는 사람도 많이 보았다.

어떤 일이든 한 꺼풀 젖혀보면 어렵거나 힘들지 않은 게 없다. 겉으로 보이는 건 허상일 가능성이 높다. 내 적성에 맞고 취미와 연결되며 재능과 일치하는 일이라도 직업으로 삼는 순간 바로 '노동'으로 변한다는 사실을 반드시 명심해야 한다. 그래야 엉뚱한 곳에 힘을 탕진하지 않게 된다.

어차피 평생 다니지 못할 직장이라면 더 늦기 전에 퇴사 이후의 삶을 준비하는 것이 좋다. 세상 모든 일이 그렇지만, 퇴사도 타이밍이 중요하다. 퇴사 후에 1인 기업을 생각하든 프리워커의 길을 생각하든 둘 다 쉽지 않다. 그러나 완벽한 준비를 마친 다음에 시작하겠다고 생각하지 마라. 타이밍을 놓치지 말고 부족하지만 작게라도 시작하라. 타이밍이라고 생각하는 시기에 자신감을 가지고 실행하라.

6

40대와 50대의 퇴직 준비는 다르다

언제부터인가 거울을 자주 보는 버릇이 생겼다. 거울을 자주 본다고 달라질 것은 하나도 없음을 뻔히 알면서도 자꾸만 들여다본다. 또 거울을 보는 방법도 예전과는 확연히 다르다. 처음에는 전신을 보았다가 머리와 얼굴을 클로즈업하고 다음에는 얼굴 피부를 확인한다. 마지막으로 치아를 점검하기 위해 "히" 하며 거울 앞에서 입모양을 만든다. 과거에는 없던 버릇이다. 기억을 더듬어보면 이 버릇은 어느 날 거울을 보다가 조그만 검버섯이 생긴 것을 발견하면서부터다. 큰일이다 싶었다. 노화가 분명했다.

그다음 날부터 유난히 그곳에 신경이 쓰였다. 그런데 볼 때마다 점점 더 크게 보였다. 이러다 신경쇠약에 걸릴까 싶어 병원 피부과에 들렀다. 의사의 진단은 마음을 더 아프게 했다. "노화의 자연스런 현상이니 염려마시고 더 커지든지 많아지면 레이저로….”

혹시 잘못 본 건 아닐까 기대도 했었다. 하지만 설마 하던 최악의 사태가 내 앞에 나타난 것이다. ‘퇴직하니 별 게 다 속을 썩인다’며 푸념했다. 그러나 가만히 생각해보니 정말 별 걸 다 퇴직 스트레스로 갖다 붙이는 것 같아서 실소가 나왔다.

⚓ 퇴직 준비, 작은 건물 하나면 될까? ⚓

퇴직은 반드시 한다. 다만 시간의 문제일 뿐이다. 따지고 보면 예전이나 지금이나 퇴직 준비는 다 했었다. 예전에는 퇴직 준비라고 하면 작은 빌딩 하나 마련해서 가장 위층은 내가 살고 아래층들은 월세를 받는 게 전형적인 방식이었다. 물론 그보다 이전에는 은행에 돈을 맡겨놓고 매월 나오는 이자로 먹고살기도 했다. 하지만 이것은 호랑이 담배 피우던 시절 이야기다. 그나마 다행인 것은 매력적인 투자처들이 존재하다는 사실이다.

그러면 지금도 작은 건물로 노후 준비를 할 수 있을까? 천만의 말씀이다. 월세 받아 생활하던 노후 준비는 매력도 한참 떨어졌다. 그것은 화이트칼라가 존경받던 시대, 샐러리맨이 중산층을 이루던 시대에 맞는 투자법이요 퇴직 준비였다. 지금 건물을 잘못 사면 전 층을 혼자 다 써야 할 수도 있다.

많은 사람이 자기계발에 대해 이야기한다. 그런데 50대의 자기계발은 달라야 한다. 중년의 자기계발은 노후 준비를 위한 자기계발이 아니라 인생 2~3막을 적극적으로 살기 위한 공부가 되어야 한다는 뜻이다. 사람들은 50대에 급진적 변화를 시도하는 것이 여전히 위험하다고 생각한다. 특히 실패했을 때 재도전을 용인하지 않는 사회구조와 문화는 50대의 변신을 매우 어리석은 일로 만들어버렸다. 여기서 중요한 점은 인생의 풍부한 경험을 가진 중년들이 자신들 앞에 놓인 가능성에 대해 절대적인 믿음을 갖되, 현실을 직시할 수 있는 능력도 함께 갖춰야 한다는 사실이다.

중년의 가장 큰 장점은 경험이다. 여러 시행착오를 거치며 자기 자신과 세상에 대한 지식을 실행을 통해 쌓아왔다. 그래서 부닥치는 문제들을 긴 안목으로 바라보는 능력을 가지는 데 유리하다. 그 지식과 경험에 새로운 지식을 유입시켜 창조적인 일을 생산해내는 절호의 기회를 살릴 수 있다. 그럼에도 많은 중년들이 자신의 비전과 미션을 갖지 못한 채 살아가고 있다. 비전과 미션에 대해 물어보면 제대로 답하지 못하고 얼버무리는 사람이 많다. 나는 어느 모임에 나갔다가 이렇게 물어보았다. "당신이 살아가는 의미는 무엇입니까?" 그러자 어떤 사람이 큰 목소리로 자신 있게 말했다. "예, 저는 우리 회사 경영에 중추적 역할을 하는 사람으로 성장하는 것이 비전입니다!"

내가 다시 물었다. "아니, 그런 것 말고 당신의 삶의 목표는 무엇입니까?"

"예, 저의 목표는… 그러니까…."

"그럼 5년, 10년 후의 당신 모습, 20년 후의 당신의 역할은 무엇인지요?"

이때부터는 질문자가 오히려 무색해졌다.

“예, 그러니까…. 그런데요, 왜 저한테만 물어보세요?” 좌중에서 웃음이 터져 나왔다.

이분만 그런 건 아니다. 이런 질문에 명쾌한 답을 할 수 있는 직장인이 과연 몇 사람이나 되겠는가?

그런데 그때 어느 분이 손을 들고 말했다.

“나는 퇴직 후 3년 안에 공예방을 차릴 겁니다. 그 공방에서 목각인형을 직접 손으로 제작할 예정입니다.”

“좋은 생각입니다. 그러면 선생님의 핵심역량은 무엇입니까?”

“핵심역량은… 남들과 다른 목각인형을 만들어서 10년 후에는 유명한 제작자로 성장할 것입니다.”

좌중에서 박수를 나왔다. 모두가 그분이 꿈을 성취하기를 빌었다. 하지만 무언가 부족했다. 그렇다. 역량은 생존을 위한 일반적인 능력이고 그분만의 핵심역량, 즉 남들보다 경쟁우위에 있는 역량이 부족했다. 남들과 차별화하는 것은 물론 기존 주자나 후발 주자가 쉽게 복제할 수 없는 능력이 핵심역량이다.

⚓ 중년의 자기계발은 절박하고 특별하다 ⚓

중년의 시기는 자신의 꿈과 현실과의 괴리를 따져보고 그 어떤 시기보다 정성스럽게 새로운 삶을 준비할 수 있는 시기다. 그러므로 반드시 자신만의 핵심역량을 갖추고 있어야 한다. 이것이 사고방식의 변환이 꼭 필요한 이유이고, 50대만의 특별한 자기계발이 필요한 이유다.

퇴준생인 우리는 얼굴의 검버섯을 걱정하는 것을 넘어 반드시 자신이 꿈을 가졌는지를 걱정해야 한다. 삶을 외부의 환경 탓으로 돌리지 않고 내 꿈의 의지에 따라, 자유의지에 따라 살아갈 수 있어야 한다.

10년, 20년 후 나는 어떤 모습으로 진화할 것인가? 내 꿈을 위해 지금 나는 어떻게 현실에 적응하고 있으며 어떻게 노력하고 있는가? '꿈'이란 상상력을 이용해 가능성 있는 시나리오를 창조하는 것이다. 욕망으로 꾸는 꿈은 허황되지만, 미래 상상의 시나리오를 구체적 모습으로 만들어가는 꿈은 공허한 환상과 구별된다. 꿈을 향해 내가 노력하기보다는 꿈이 나를 이끌어주기 때문이다.

물론 꿈을 실현하는 것은 대단히 도전적인 과제다. 하지만 현직에 있으면서 일과 삶의 균형점을 잃지 않으면서도 핵심역량을 갖추어 인생의 의미와 보람을 찾고 풍요로운 삶을 준비하기에 중년보다 더 적기는 없다.

오늘도 나는 자문자답한다.

'건강 관리와 시간 관리의 기본에 충실한 하루였는가?'

'오늘 나는 어떻게 환경에 적응했고 어떻게 미래를 준비했는가?'

3장

5년 후 퇴직을 위한 시간 경영

시간을 경영하는 퇴직 준비생은 성공한다

사람들은 프로 선수들의 경기를 보면서 그들의 멋진 플레이에 흥분하고 찬사를 보낸다. 하지만 프로 선수들이 그 정도의 능력을 가질 때까지 자신과의 싸움에 얼마나 많은 시간을 투자하며 스스로를 가다듬어왔는지를 생각하는 사람들은 많지 않다.

뛰어난 선수들이 가진 능력의 대부분은 그런 노력의 산물이다. 하지만 실제로 그들이 관중 앞에서 펼쳐 보이는 화려한 플레이는 그들이 지닌 실력의 10분의 1도 안 될 것이다. 오랜 기간에 걸쳐서 쏟아부었던 훈련의 결과 중 '빙산의 일각'이 관중 앞에 실현되었을 뿐이다. 그러나 '빙산의 일각'이 드러나기 위해서는 이미 '커다란 빙산'이 존재해야 한다.

프로 선수들뿐만 아니라 명장이라 불리는 사람들, 탁월한 성과를 내는 비즈니스맨들, 한 분야에 일가를 이룬 사람들, 오케스트라의 명지휘자들, 명석한 두뇌로 놀라운 연구 결과를 낸 과학자들 등이 밖으로 드러낸 위대함을 가능하게 하는 것은 무엇일까?

바로 노력의 시간이다. 남들이 하지 않은 오랜 시간의 훈련을 이겨낸 결과다. 다른 사람들이 시도조차 하지 않았던 오랜 고통의 시간을 견딘 끝에 이룬 위대함이다.

⚓ 남들이 갖지 못한 시간을 소유하라 ⚓

퇴준생은 이제 새로운 영역을 개척해서 고군분투해야 한다. 그렇다면 인생 2막의 성공적인 자리매김을 위해 무엇을 어떻게 준비해야 하는가? 위대함을 이룬 사람들에게서 배울 수 있다. 선행해야 할 과제가 바로 '남들에게 없는 시간'이다. 다시 말해 노력을 하든지 때를 기다리든지 간에, 자신이 가려는 분야에서 '남들에게 없는 시간을 어떻게 만들어 사용해야 하는가?'라는 질문에 대한 대답을 가지고 있어야 한다.

퇴준생의 준비는 다시 한 번 전열을 가다듬고 미래를 향해서 에너지와 시간을 효율적으로 사용하는 데 초점을 맞추어야 한다.

1~2년이라는 짧은 기간의 노력만으로 내가 가려는 분야의 준비를 할 수 있을까? 지금 당장 일가를 이루고 내로라하는 전문가들과 어깨를 나란히 하고 싶은 마음이겠지만, 현실에서 이것은 거의 불가능하다. 직장인은 밤낮 구분 없이 쏟아지는 업무에 시간을 내기 힘들

다. 몸도 마음도 피곤하다. 그런 처지의 사람에게 추가로 시간을 내어 미래를 준비하라고 한다면 둘 중에 하나의 결과가 나온다. 포기하든가 죽든가.

정도의 차이는 있지만, 대부분의 직장인은 평소 자신의 업무에서 탁월한 능력과 지식을 가지고 있다고 생각하는 경향이 있다. 또 자기 업무와 직간접적으로 연결된 지식이나 정보, 인맥 등을 굉장한 자산으로 생각한다. 그래서 알게 모르게 현장에서 취득한 사례나 지식, 인맥 등을 차곡차곡 쌓아두면 미래 특정 업무를 처리할 때 큰 도움이 될 것이라 생각한다.

하지만 현실은 만만치 않다. 직장인의 퇴사는 나라는 존재를 세상에 드러내는 일이고 목숨을 걸고 무림의 고수들과 한판 승부를 벌여야 하는 전투다. 그런데 무림의 고수들은 산전수전 다 겪은 베테랑들이다. 이들과 한판 승부를 펼치려면 철저히 준비해야 한다. 고만고만한 지식과 경험으로 이들과 싸운다면 승부는 뻔하다. 고수들과 맞장을 뜨려면 이들을 한 방에 보낼 수 있는 나만의 비장의 무기가 있어야 한다.

절박한 마음으로 찾은 나의 길을 실패하지 않고 걸어가기 위해서는 힘들더라도 남들에게 없는 시간을 만들어야 한다. 무엇보다 큰 과제이가 이것이다.

⚓ 시간에 대한 새로운 관점 ⚓

새로운 시간을 만들기 위해서는 다음과 같은 시각으로 시간을 보아야 한다.

첫째, 시간은 자원이다. 자원은 한정되어 있다. 한정된 자원을 이용해서 최대의 효율을 올리는 것이 경영이다. 시간은 희소자원이다. 어떻게 하면 적은 시간에 더 많은 결과물을 생산할 수 있을까를 고민해야 한다.

둘째, 시간은 일회성이다. 지나가면 끝이다. 그래서 시간을 어떻게 보낼 것인가에 대한 구체적인 계획이 없으면 시간이 탕진된다. 비효율적으로 허비되거나 그냥 소멸되어 사라지고 만다. 따라서 개인의 목적에 따라 그 목적 함수를 분명하게 하는 것이 좋다.

셋째, 시간은 투자다. 시간은 소멸성 자원이다. 그러므로 개인의 목적에 맞게 시간도 투자해야 한다. 시간을 잘 분배하고 그 과정에서 생활의 질서와 조화를 만들어내는 작업이다. 사실 경영은 투자다. 현명한 사업가는 현명한 투자자다. 단기적이든 중장기적이든 시간을 투자하는 것이 경영이다.

위에서 말하는 시간을 당신은 가지고 있는가? 없다면 지금부터라도 만들어야 한다. 무슨 시간을 어떻게 만들어야 하는지에 대한 정답은 없다. 하지만 기존에 없던 새로운 시간을 만들어야 한다는 점만은 분명하다. 특히 우리가 준비해야 할 미래는 지금보다도 훨씬 치열한 경쟁의 시대일 것이다. 또한 지금까지와는 전혀 다른 형태의 경제체제일 것이다. 그러므로 기존 방식대로 시간을 바라보면 안 된다.

구소련의 과학자 류비셰프는 '시간 통계'라는 방법으로 시간을 관리한 인물이다. 그는 82세로 세상을 떠났지만 70권의 학술 서적과 총 1만 2500여 페이지에 달하는 연구 논문, 그리고 방대한 분량의 학술 자료를 남겼다. 그의 '시간 통계법'은 시간 예산을 먼저 세운 후 시간 원가를 계산하는 아주 특이한 방식이다.

『시간을 정복한 남자』를 쓴 다닐 알렉산드로비치 그라닌은 그의 책에서 "루비셰프의 시간 통계와 일기, 편지들을 검토하다 보면 점차 그가 강철같이 강한 사람이라는 것이 드러난다. 그는 자신이 계획하고 이루고자 했던 일은 기필코 이루어냈다. 그 무엇도 그를 방해할 수 없었다. 그는 완전히 기계나 다름없는 인간이었고 시간 통계 방법의 노예였다"라고 쓰고 있다. 그리고 "과연 자기 인생을 분 단위까지 사전에 계획하여 실행하는 것이 과연 필요할까?", "잠시도 쉬지 않고 나의 방종과 실책을 남김없이 기록하는 측정기를 코앞에 설치하면 즐거울까?"라고 묻는다.

나는 생각해보았다. '정말 꼭 그렇게 하는 것이 시간을 정복할 수 있는 방법일까? 시간은 계획하고 관리해서 되는 것일까? 오히려 시간이 자신을 구속하는 괴물이 되는 것은 아닐까?'

오늘날 류비셰프처럼 시간을 계획하고 기록·평가하는 것이 바람직한 시간 사용법인지에 대해서는 의문이 생긴다. 우리는 돈에 대해 예산 계획을 수립하여 수입과 지출을 통제한다. 시간은 돈과 같이 관리하는 것보다는 자원으로 생각하여 경영하는 것이 효율적이다.

퇴준생은 스스로를 경영해야 한다. 그것은 결코 만만치 않다. 수년에 걸친 업무 과정을 통해 배우고 익힌 업무 지식은 급속히 변화하는 시대에는 그 쓸모가 줄어든다. 그렇다면 이제 유한한 시간 자원을 구체적으로 어떻게 활용할지를 고민해야 한다. 현재라는 시간 자원을 최대한 이용해서 최고의 결과물이 탄생될 수 있도록 해야 한다.

평균수명이 짧았던 산업 시대의 시간 관리는 머릿속에서 깨끗하게 지워버리는 것이 좋다. 남들이 만든 틀 속에 자신을 가두는 어리석음을 범해서는 안 된다.

2

늦어도 40대부터 새벽 시간을 활용하라

⚓ 40대는 인생의 가장 중요한 시기 ⚓

사람의 생애를 유아기, 소년기, 성년기, 중년기, 장년기, 노년기로 나눈다면 중년기는 해가 중천에 떠 있는 때이니 인생 최고의 황금기에 해당한다. 30대는 사회 초년생으로서 이상과 현실의 간극으로 고민하는 시기다. 호락호락하지 않은 세상살이에 입문하여 가혹하고 혹독한 신고식을 치른다. 불안, 불만, 불신의 '3불 세대'이자 연애, 결혼, 출산을 포기한 '3포 세대'로 불리는 때이기도 하다. 그럼에도 결승점을 향해 달려가는 자신을 담금질해야 하는 중요한 시기다. 또한 취직과 결혼, 독립생활, 육아 등 모든 것이 새롭게 시작되는 시점이면서, 이러한 인생의 중요한 일들을 순식간에 치르면서 보내버리는 시기이기도 하다.

그렇다면 40대는 어떤가? 업무 면에서 풍부한 경험과 지식을 바탕으로 자신의 능력을 힘껏 발휘할 수 있는 시기다. 그뿐만 아니라 맡은 업무 외에 부하직원이나 팀의 능력을 최대한 이끌어내는 관리 능력이 필요한 때다. 조직에 속했다면 자신의 위치가 어느 정도 정해진 상태에서 상사와의 조율 능력이 요구된다. 조직의 모든 업무에 연결될 수밖에 없고 이를 원활히 진행시키기 위해서는 조직 내 정치에도 무심해서는 안 되는 시기가 40대다.

육체적으로는 왕성했던 30대를 떠나보낸 시기다. 시간이 갈수록 추하게 변하는 몸매는 급격하게 저하되는 체력을 대변한다는 걸 실감한다. 그래서 건강식품도 찾게 된다. 30대에는 저녁에 조금 과식을 해도 소화에 그리 부담을 가지지 않았고 다소 무리하게 일을 진행하더라도 걱정할 정도는 아니었다. 하지만 40대가 되면 한 번 쌓인 피로가 쉽게 회복되지 않는다. 무섭게 달려온 30대를 추억하면서 머릿속으로는 모든 걸 다 할 수 있을 것 같지만 물리적으론 할 수 없는 자신을 발견한다. 지금까지 쌓아온 기술이나 체력이 차츰 무용지물이 되고 있음을 실감하게 되는 시기이기도 하다.

사회적인 변화도 크게 다가오지만 가정 내에서도 큰 변화를 겪는다. 자녀가 돈 먹는 하마로 변한 지 오래다. 늘어나는 생활비는 맞벌이라는 배우자의 도움 없이는 해결 불능 상태다. 그뿐만 아니라 내일 당장 해고 통지를 받을지도 모르는 불안감이 마음을 짓누른다.

솔직하게 이야기를 풀어보자. 나나 이 책을 읽고 있는 독자나 불안감의 근원은 하나다. 먹고사는 현실적 문제다. 미래가 불안하다는 것을 알면서도 현실의 변화를 두려워하는 이유는 당장 먹고살아야 하기 때문이다. '공자 왈, 맹자 왈' 하는 온갖 미사여구를 동원해도 경제 문제를 해결하지 못한다면 공염불에 불과하다. 40대는 하고 싶은 것도 많고 한 번뿐인 인생 멋지게 살고 싶은 의욕이 강하지만 현실은 녹록하지 않다. 보통의 40대는 '현실적인 경제 문제를 온전히 해결할 수 없다면 무슨 의미가 있겠는가?'라고 생각하며 그저 하루하루 일용할 양식에 감사한다. 먹고사는 가장 기본적인 문제조차 해결하기 어려운 게 현실이다.

그럼에도 새로운 도전에 대한 생각을 잊어버려서는 안 된다. 만약 현실의 올무에 매어 앞으로 나아가지 못한다면 다가올 장년기와 노년기는 더욱 어려운 시기가 될 것이라는 사실을 직시해야 한다.

⚓ 40대의 한계 ⚓

이렇듯 40대는 매우 중요한 시기다. 하지만 '40대의 벽'에 맞닥뜨리기도 한다. 40대는 업무량이 30대와는 비교를 할 수 없을 정도로 폭발적으로 늘어난다. 그 속에서 심한 스트레스를 견뎌야 한다. 이와 동시에 급격한 업무 환경 변화에 혼란을 느끼기도 한다. 사업을 하고 있다면 사업 전체를 관리하고 운영하기 위해 사력을 다해 뛰어야 한다. 조직에 속했다면 자신이 맡은 관리자라는 직책에 맞게 넘쳐나는 일을 처리해야 한다. 그동안 쌓아온 풍부한 경험과 지식을 바탕으로 자신의 일만큼은 어느 정도 효율적으로 처리할 수 있으리라는 자신감이 있다. 하지만 현실은 다르다. 급격한 업무 환경 변화를 따라가기에도 벅찬 자신을 발견하며 한없는 무력감에 시달리기도 한다.

신입사원 때 '이 일이 적성에 맞는가?'를 고민하며 출근했다면 40대에는 '오늘 임원 보고를 어떻게 하지?'를 걱정하며 어떻게든 살아남기 위해 출근한다. 요즘 젊은 신입사원들은 말쑥한 외모를 가졌고, 유창한 외국어로 프레젠테이션도 잘한다. 그리고 자기 직속상관에게도 할 말을 다 한다. 그것이 못마땅해서 끼어들어 한마디 잘못했다가는 바로 '꼰대'로 전락한다. 화장실 안에서 볼일 보다가 밖에서 모인 신입들이 "나는 절대 부장처럼 저렇게 살고 싶진 않다"고 대화하는 소리를 듣고 우울증에 걸렸다는 40대도 있다. 어떤 회사에서는 입사 환영회를 하면서 한 과장이 신입사원에게 "앞으로 열심히 일해서 나처럼 되어야 한다"고 말했는데, 그 말을 들었던 신입사원이 다음 날 사직서를 냈다고 한다.

또한 40대는 삶의 불균형 속에 빠져 있다. 처리해야 할 업무량은 많은데 체력이 뒷받침되지 않는다. 40세를 기점으로 체력이 눈에 띄게 떨어지기 시작한다. 그래서 "체력이 예전 같지 않다"라는 말을 입에 달고 다니게 된다. 눈도 침침해지기 시작하고, 기억력도 가물가물해지고, 몇 계단 오르면 숨이 가쁘다. 배가 점점 나와 임산부로 착각할 정도까지 불러온다.

신체적 노화는 하루아침에 갑자기 일어나는 것이 아니다. 30대 초반부터 서서히 진행되기 시작하는데, 다만 그 노화 현상이 밖으로 드러나는 시점이 40대인 것이다. 그때부터 불편을 느끼기 시작하기 때문이다. 그러면 건강에 대한 관심이 부쩍 늘어난다. 운동도 하고 건강 식품도 챙겨 먹으면서 유난을 떨기 시작하는 시기가 40대다.

요컨대 40대는 지금까지 자신이 구축해온 업무 방식이나 생활 방식의 균형이 무너지기 시작하는 시기다.

⚓ 어떻게 극복해야 하는가? ⚓

생활 현장에서 아무리 힘들더라도 40대는 미래를 위해 무엇인가를 해야 한다. 지금 당장 준비해야 할 것은 두 가지다. 바로 '체력과 교육'이다.

효율적인 업무 처리에 어느 정도 단련되어 있다 하더라도 강인한 체력이 없으면 장시간을 당해낼 수 없다. 근본적으로 강인한 체력을 갖추지 않았다면 아무리 정신적으로 '나는 할 수 있다'고 다짐해도 꾸준하게 일의 강도를 유지하는 데는 한계를 느낀다. 초반에는 정신력으로 버틸 수 있을지 몰라도 장기 레이스를 버티기 어렵다. 노력을 거듭하다가 무력감만 맛보게 될 것이다. 특히 우리나라 많은 직장인은 이런저런 고민과 업무 스트레스를 잠자리에까지 끌고 와서 건강을 해치고 있다. 또 박정희 시대의 '하면 된다'는 의식 교육 탓에 뭐든지 정신력으로 다 해결할 수 있다는 잘못된 사고가 사회적으로 만연하다. 이런 사고방식이 결국 건강을 해치는 주범이기도 하다.

애플의 최고경영자CEO 팀 쿡은 '새벽형 인간'으로 유명하다. 그는 저녁 9시에 취침하여 새벽 3시 30분에 기상한다고 한다. 일어나 그는 '애플 워치'의 전원을 켜는 것으로 하루를 시작한다. 메일 확인을 마치면 5시부터 운동을 시작하고 6시 30분에 사무실로 출근한다. 팀 쿡의 일상에서 주목할 점이 한 가지 있다. 바로 새벽형 인간을 유지하기 위한 건강 관리 노하우다. 그는 엄격한 식사와 운동으로 건강을 챙겨 체력을 유지한다. 엄격한 식단이라고 해서 특별한 것은 없다. 상식적이다. 일정한 시간에 먹고 과식하지 않고 기름기가 적은 음식을 즐긴다. 식단 관리에 신경을 쓰는 것은 아침 식사라고 한다. 기름기와 설탕이 적게 든 음식을 먹는다. 운동도 특별한 것은 없다. 다만 하루도 빠지지 않고 꾸준히 하루의 관문을 여는 것처럼 한다는 것이다. 쿡은 임원회의 때마다 체력의 중요성을 강조하는 것으로도 유명하다.

체력이 뒷받침되지 않으면 할 수 있는 일이 아무것도 없다. 건강이란 한 번 무너지면 원래의 상태로 돌이키기는 어려운 것이다. 반드시 꾸준한 건강 관리를 해야 한다. 강인한 체력이 없이는 어떤 일도 이룰 수 없다는 것을 각인하라. 당부하건대 정신력으로 다 할 수 있다는 망상은 버려라.

건강 다음은 교육이다. 이제는 고만고만한 경험과 지식으로는 회사에서 버티기 힘들다. 그동안 배운 지식은 이미 퇴물이 되어버린 지 오래다. 인공지능 시대가 도래하면서 자신이 축적한 소중한 경험이나 지식과 미래의 지식 간에 괴리가 발생할 수밖에 없다. 이 괴리를 매울 수 있는 것이 바로 '교육'이다.

"그동안 아무런 생각 없이 살았어도 잘 살아왔다."

“나는 경험이 풍부하기 때문에 굳이 다시 배울 것 없다.”

“살다 보면 어떻게 되겠지.”

이런 말을 하지 말기를 바란다. 업무 능력 향상을 위해 엄청난 노력을 하여 현재의 직위에 걸맞은 존재 가치를 가진 사람들도 최선을 다해 공부하고 있다. 새롭게 다시 배우고 재학습하며 미래에 필요한 인재가 되자. 아무리 건강하고 똑똑한 사람이라도 미래 환경에 맞지 않는다면 아무도 불러주지 않는다.

인생의 가장 귀한 선물,
마흔 이후 새벽 시간

나는 언제부터인가 '인생을 치열하게 살아야겠다'는 생각을 품고 살아왔다. 하지만 이렇게 살수록 밤과 낮의 구분이 모호해지고 일에 치여 지내게 되었다. 이런 스스로를 들여다보면서 오직 나를 위해 쓸 수 있는 시간이 없을지를 고민했었다. 이런 숙고 끝에 발견한 것이 새벽 시간이다. 새벽 시간과 새벽 공부는 내 인생의 고비마다 나를 지켜주었고 포기하고 싶을 때마다 힘과 용기를 주었다.

많은 사람이 시간 없음을 한탄한다. 하지만 적극적으로 시간을 창조하기 위해 노력하기보다는 이런저런 핑계를 대며 현실에 안주하려는 게 실상이다. '남들 자는 시간에는 나도 자야 한다.' '밤에는 휴식을 위해 푹 자야 한다.' '새벽부터 피곤하게 유난을 떨 필요가 있겠는가?' 이런 생각이 든다면 아직 시간에 대해 절박하게 받아들이고 있지 않다는 증거다.

어떤 이들은 이렇게 말한다. "이제 더 이상 옛날의 시간 원리에 얽매이지 마라. 충분히 자고 주말에는 충분히 쉬며 시간을 여유 있게 확보하는 사람이 더 많은 성과를 낸다." 맞는 말이다. 누구나 그렇게 살고 싶어 한다. 나 역시 그렇게 살고 싶은 게 솔직한 마음이다. 나도 한때는 그렇게 생각했다. 하지만 그렇게 살아보면 금방 결과를 알 수 있다.

사람이 물만 먹고 살 수는 없다. 수입이 없으면 먹고사는 가장 기본적인 것조차 해결하지 못한다. 퇴직은 조직 인간을 벗어나는 일인 동시에 당신의 보호막이 사라지는 엄청난 사건이다. 그 엄청난 사건 앞에서 과연 그렇게 여유로울 수 있을까.

나를 잘 아는 사람들이 가끔 이렇게 말한다. "뭘 그렇게 악착같이 사느냐? 이래도 한세상 저래도 한세상인데…." 옳은 말이다. 편하게 산다고 누가 잡아가는 것도 아니고 세금 더 내는 것도 아니다. 누구도 시비 걸 수 없다. 자신이 편한 삶을 선택하겠다는데 누가 막겠는가. 그렇게 오래오래 행복하게 살면 된다.

하지만 현실은 어떤가? 대한민국에서 그렇게 편하게 살다가는 언제 극빈자의 나락으로 떨어질지 모른다. 나만 추락하는 게 아니다. 나만 못살면 그나마 괜찮다. 덤으로 가족까지 피폐해진다는 사실을 꼭 알아야 한다.

⚓ 새벽 시간 경영전략이란? ⚓

무슨 일이든 시간을 적절히 활용하지 못한다면 절대로 성공할 수 없다. 원래 일이라는 게 하면 할수록 늘어나는 성질이 있다. 일하면 할수록 바빠지기에 시간을 지배하지 못하면 시간에 끌려 다닐 수밖에 없다. 그런데 인간은 묘한 동물이다. 일이 즐거우면 하루에 서너 시간을 자면서 매달려도 행복하다. 그래서 자신도 모르게 무리한다. 결국 그 대가를 한꺼번에 치르게 되는 것이다.

수면 시간을 무조건 줄이는 것은 비효율적이다. 만성 피로, 집중력 저하 등 건강 문제를 불러올 수 있다. 그래서 나는 새벽 시간의 가치를 발견했다. 새로운 길을 가야 하는 퇴직 준비생에게 새벽 시간의 전략적 활용이 매우 중요하다. 시간의 노예가 될 수도 있고 시간 위에서 군림할 수도 있다. 나는 경험을 통해 이 사실을 확신하게 되었다. 새벽 시간의 질은 하루 24시간의 가치를 좌우한다. 따라서 새벽 시간 경영전략을 통한 시간 창조는 퇴준생의 생활을 더욱 알차고 보람 있게 만드는 중요한 요소 중 첫 번째 과제다.

새벽 시간 경영전략이란 한마디로 새벽 시간을 전략적 개인 자원으로 적극 활용하여 내 꿈을 이루는 것이다.

⚓ 새벽 시간 경영전략의 구조와 과정, 목표 ⚓

쏟아지는 업무에 이리 뛰고 저리 뛰는 분주하고 피곤한 생활 속에서 새벽에 일어나는 보람을 찾는 게 말처럼 쉽지 않다. 코피를 쏟아가며 새벽에 일어났는데 초라한 성과가 나온다면 '내가 왜 새벽에 일어났지?' 하는 자괴감까지도 든다.

새벽 시간은 몰입하기 좋은 환경을 가진 자원이다. 그래서 새벽 시간 자원의 전략적 사용이 더욱 필요하다. 이를 위해 새벽 시간 자원을 '절대적 시간'과 '가변적 시간'으로 나누어 접근해갈 필요가 있다.

'절대적 시간'이란 주로 내 시간을 의미한다. 사람에게 돈도 중요하고 일도 중요하지만, 이에 못지않게 개인의 행복도 중요하다. 시간 중에서 개인 만족을 위한 필수 시간이 꼭 필요한 것이다. 이렇게 잠자는 시간, 자기계발 시간과 휴식 시간 등의 시간을 정확하게 확보하여 삶의 질을 높이는 것이 절대적 시간 관리의 목표다.

'가변적 시간'이란 말 그대로 변할 수 있는 시간을 의미한다. 그렇다고 자유롭게 이용할 수 있다는 뜻은 아니다. 지식 또는 경제적 향상을 위해 활용할 수 있는 자원으로 보는 것이다. 배정된 시간 안에서 일의 방법, 순서의 조정, 프레임의 이동 및 개선, 주제 배제 등을 통해 지적·경제적으로 더욱 높은 성과를 달성하는 것이 주된 목표다.

새벽 시간 전략은 이처럼 가변적 시간을 통해 지적·경제적 성과를 높이는 한편 절대적 시간을 확보함으로써 개인의 삶의 만족도를 함께 높이는 결과를 지향한다. 최종적으로는 '자유롭고 당당하고 풍요로운 삶'에 도달하는 데 초점을 맞춘다.

⚓ 새벽 시간 경영전략의 실행 ⚓

새벽에 일어나는 것이 꼭 좋은 것인지에 대해서는 아직도 명쾌한 답을 찾지 못했다. 솔직하게 말하자면 굳이 좋고 나쁨을 따져보지 않았다. 하지만 경험을 통해 분명하게 알게 된 사실이 있다. 걱정했던 만큼의 폐단은 없었다. 하지만 기대했던 것보다 훨씬 많은 걸 얻었다.

그리고 한 가지 조언하겠다. 새벽형 인간이 된다고 해서 무조건 새벽에 일어나야 한다는 강박관념은 버리는 게 좋다. 전날의 특징을 감안하여 무리하게 일어나기보다는 유연하게 시간을 조절하는 게 중요하다.

유연성 시간은 각 개인의 특성에 맞게 설정하면 된다. 나는 기상 후 2시간을 가장 먼저 가변적 시간으로 설정했다. 전날의 업무가 계획한 것보다 늦어질 수도 있고 예기치 않은 상황이 벌어질 수도 있기에 사정에 맞게 이용하기 위해서다.

세상 사는 지름길이란 절대 없다. 모든 일에는 단계가 있다. 단계를 건너뛰고 속성으로 진행하면 잠시 남들보다 매우 빨리 가는 현명한 길을 찾았다는 착각이 들지도 모르지만, 곧바로 한계에 봉착한다. 그럴 때 사람들은 이렇게 말하곤 한다. "나는 적성에 맞지 않아. 역시 무리였어."

새벽 시간 자원의 활용도를 높이기 위해서는 단계적인 접근이 필요하다. 1단계는 강한 체력을 만드는 것이다. 체력이 뒷받침되지 않으면 처음에 새벽 기상에 적응하기가 쉽지 않다. 2단계는 이를 습관화시키는 것이다. 3단계는 고착화다. 여기서 '정신적 의지'는 잊어라.

내 경우를 이야기해보겠다. 나는 새벽 2시를 하루 2막의 시작으로 본다. 그래서 새벽 1시 50분이 기상 시간이다. 2시부터 4시까지 2시간이 가변 시간이다. 이때 스스로 설정한 주제를 실행한다. 가변적 시간의 주제는 언제든지 변동할 수 있기에 자유롭게 시간을 운용한다. 4시부터 6시까지는 절대 시간이다. 이때는 정해진 장기 프로그램을 실행한다. 주제를 변경하거나 바꾸는 일은 절대 없다. 그리고 6시부터 7시까지는 절대 시간으로 운동 시간이다.

7시부터 8시까지는 출근 시간 겸 완충 시간이다. 절대 시간 3시간, 가변 시간 2시간, 완충 시간 1시간, 나의 새벽 시간 자원은 총 7시간이다. 이렇게 보면 하루의 성패는 실질적으로 새벽 시간에서 이미 결정된다.

직장이나 조직의 틀 안에서만 살아온 퇴준생은 온실 속의 화초와 같다. 퇴준생이 경험해보지 않은 회사 밖 세상은 한 치 앞도 안 보이는 정글이다. 이 살벌한 정글에서는 어지간한 능력과 신념으로는 살아남기 어렵다. 퇴준생은 다시 태어난다는 독한 마음으로 준비해야 한다. 자는 시간도 아까워 의자에서 쪼그리고 자고, 밥 먹는 시간도 아까워서 비빔밥이나 샌드위치를 먹겠다는 각오가 있어야 한다. 고3 수험생처럼 살겠다는 비장한 각오가 있어야만 살벌한 현실 속에서 살아남을 수 있을 것이다.

다시 말하지만 새벽 시간 경영전략은 잠을 줄여서 일하고 공부하자는 게 아니다. 다만 시간을 전략적 자원으로 관리하는 것이다. 새벽에 일어나서 그냥 공부를 하는 게 아니라 나를 슈퍼급 인재로 다듬질하는 시간으로 만들어야 한다는 뜻이다. 일정하게 하루 6시간을 수면 시간으로 맞추어놓고 부족한 잠은 틈틈이 보충하자는 것이다. 잠을 줄이면서까지 일하고 공부하는 것은 결코 칭찬받을 일이 아니다. 자신의 사정에 맞춰 새벽에 일어나고 새벽에 확보한 시간을 전략적으로 알차게 활용하는 것이 새벽 시간 활용의 목적이다.

나는 새벽 자원을 경영하면서 시간의 자유를 찾았다. 그래서 무슨 일을 시작하든지 시간의 구속을 별로 받지 않는다.

"돈이 쪼들린다." "시간이 부족하다." "여유가 없다." 이렇게 말하며 불평만 늘어놓지 말자. 남들이 흘려버리는 시간, 남들 잠자는 시간을 나의 자원으로 만들 수만 있다면 당신은 그 엄청난 효과에 경탄하게 될 것이다.

4 나의 주간 시간 경영 전략

세상의 변화가 너무 빠른 시대다. 개인이 그 변화를 미리 감지하고 예측해서 대응한다는 것 자체가 불가능한 일이 되었다. 그렇지만 미래의 변화를 내다보고 이것을 따라가려는 노력은 반드시 필요하다. 그렇게 하지 않는다면 사회 잉여인간으로 전락한고 만다. 이러한 노력의 토대를 닦는 작업이 바로 시간 경영전략 수립이다.

피터 드러커는 『경영자의 조건』에서 이렇게 이야기했다. “성과를 올리는 사람은 일에서 출발하지 않는다. 시간에서 출발한다.” 모든 성과의 토대는 시간이다. 자신의 시간을 활용하지 못하면 원하는 결과를 얻기가 매우 힘들다. 40~50대는 어느 세대보다도 시간을 창조하고 활용하는 데 뛰어나야 살아남을 수 있다.

시간은 자원이다. 유한한 자원이다. 이 시간이라는 한정된 자원을 어떻게 배분할 것인가를 고민하는 것이 시간 전략 수립이다.

나는 연간 경영전략을 참고로 월간 경영전략을 작성한다. 주간 경영전략은 월간의 특성을 잘 생각하여 큰 주제는 연결하고 작은 주제는 새로 선정하여 수립한다. 나는 주말을 주중의 연속이라고 생각하지 않는다. 일주일을 주중과 주말로 이원화해서 주중 5일, 주말 2일 각각의 계획을 세운다. 주중 5일의 시작은 일요일 저녁 7시부터이며 주말 2일은 금요일 저녁 7시부터로 잡는다.

⚓ 주간 경영전략을 어떻게 세울 것인가? ⚓

한 주간을 성공적으로 경영한다는 것은 나 자신의 믿음이나 생각을 적극적으로 실행하여 그 결과물에 만족할 수 있다는 의미다. 그런 만족을 위해 제한된 시간과 에너지를 선택과 집중을 통해 분배하고 하루라는 결과물이 더욱 알찬 소득이 되도록 노력하는 것이다.

먼저 자신이 일주일을 어떻게 보내고 있는지를 알아야 한다. 가계부를 적듯이 일주일을 기록해보는 것이다. 꼼꼼하게 기록하고 하나하나 정리해보면 내가 그동안 일주일을 어떻게 생각하고 보냈는지를 알 수 있다.

둘째, 그동안 내가 보낸 일주일에서 문제점을 찾아내라. 분석한 기록물을 기반으로 자신에게 질문해보라. '내가 추구하고 있는 것은 무엇이고 이루고자 하는 꿈은 무엇인가?' 스스로에게 질문을 던지고 답을 찾다 보면 어떤 문제점이 있는지를 발견할 수 있다.

셋째, 개선책을 찾아라. 자문자답 속에서 문제점을 찾았다면 이에 대한 생각과 개선 방안을 적어보자. 지금까지 해오던 방식을 변화시켜 내가 하고 싶은 일을 가장 이상적으로 할 수 있는 일주일로 만들기 위해 어떻게 개선하고 바꿀 것인지를 계획한다. 이것이 주간 경영전략을 세우는 방식이다.

나는 김밥을 좋아하고 자주 먹는다. 김밥과 주간 경영전략은 공통점이 많다. 우선 김 한 장은 한 주간의 틀과 같다. 주재료인 밥알은 시간이다. 속 재료는 주인의 마음대로 준비한다. 계란말이, 단무지, 시금치, 우엉 등…. 이것이 주간 경영전략의 프로젝트다.

김 위에 밥을 놓고 속 재료를 올린 다음 김밥을 만다. 좀 길게 나온 양쪽 끝은 칼로 잘라내서 모양을 만든 다음 김밥 몸통을 썰어서 먹기 좋게 접시에 놓는다. 김밥을 먹을 때 식성에 따라 김치도 함께 먹을 수 있고 라면, 치즈, 소스 등을 곁들여 먹고 싶은 대로 먹을 수 있다. 썰어놓은 김밥은 일일 경영이다. 어떤가? 주간 경영전략과 매우 비슷하지 않은가?

솔직히 나의 주간 경영전략은 김밥을 먹다가 생각한 것이다. 김은 일주일이라는 틀로 보았고 밥은 시간이라고 생각했다. 추진하려는 프로젝트를 속 재료로 보고 양쪽에 속 재료가 좀 길게 나온 부분은 주말로, 가운데 몸통은 5개의 요일로 본 것이다. 여기에서 주간 경영전략이라는 아이디어를 얻었다. 그리고 실제로 이 방식을 이용해서 세우며 그 원칙은 지금도 그대로 사용하고 있다.

⚓ 무엇을 선택하고 포기할 것인가 ⚓

우리의 일상은 선택의 연속이다. 무엇을 선택할 것인지 그 결정은 온전히 자기 책임이므로 선택에 신중해야 한다. 세상에 공짜는 없다. 무언가를 얻는 데는 반드시 대가가 뒤따르게 되어 있다. 그러므로 즉흥적인 선택에는 후회가 뒤따를 때가 많다. 나는 그런 실수를 최소화하기 위해 문제를 볼 때 주간 단위로 보려고 노력한다. 주간 단위의 주제로 만들어 의사결정을 하면 실수를 한다거나 후회를 하는 확률이 줄어들기 때문이다. 나의 주간 경영전략의 핵심은 무엇을 할 것인가보다는 무엇을 포기할 것인가를 선택하는 과정이기도 하다.

파레토의 80/20의 법칙은 중요한 20%의 일에 집중하는 것이 시간 관리에서 매우 중요함을 강조한다. 하지만 현실에서는 20%의 일에 집중하는 것이 말처럼 쉽지 않다. 급하게 처리할 일이 현장에 산더미처럼 쌓이다 보면 그 안에서 업무의 경중을 가리는 것 자체가 어렵다. 그래서 나는 시간을 잘 활용한다는 것은 시간 관리에 능숙하기보다는 자기 조절 능력이 뛰어난 것이라고 생각한다. 나 자신에게 중요하고 의미 있고 가치 있는 일이 무엇인지를 먼저 의식적으로 분석하고 일을 조정하면서 선택과 집중을 통해 무엇을 포기해야 할지를 결정한다. 시간의 효율화란 꼭 해야 할 일 자체를 줄이는 것이다. 그러므로 본질적인 일에만 집중하고 나머지 선택지는 과감하게 포기해야 한다.

⚓ 일주일은 5일이다 ⚓

사람들은 보통 한 주를 7일로 보고 전략을 세우고 활동도 한다. 하지만 나는 금요일을 마감일로 보기 때문에 한 주를 5일로 생각하고 전략을 세운다. 주말과 주중을 연속적으로 보지 않는다. 그것은 한 주간을 집중적으로 일하는 시간대로 보기 때문이다. 앞서 말했지만, 한 주간을 성공적으로 보내기 위해서는 한정된 시간과 에너지를 선택과 집중을 통해 투입하여 그 결과물에 만족할 수 있어야 한다.

통상 우리가 회사에 출근해서 일하는 날은 일주일 중 5일이다. 이것은 선택의 여지가 없다. 선택의 여지가 없다면 남은 것은 집중과 몰입에 따른 시간의 균형 있는 분배다. 집중과 몰입에는 강인한 체력이 뒷받침되어야 하기에 체력 관리에도 신경을 써서 전략을 세워야 한다.

⚓ 주간 경영전략 관리 방법 ⚓

전략 관리 방식은 예전에는 연간·월간 전략의 틀 안에서 그 주에 할 일을 계획하는 방식이었다. 하지만 지금은 스마트폰 앱 방식을 응용해서 유연하게 한다. 기존 주제는 큰 틀에 맞추되 언제든 수정할 수 있게 한다. 그리고 새로운 프로젝트는 아예 새로운 주제를 만드는 방식으로 주간 전략을 수립·실행한다. 이렇게 하면 큰 틀에서 크게 벗어나지 않으면서 세상의 변화에 좀 더 유연하고 빠르게 대응할 수 있다. 그리고 지금까지 추진한 프로젝트에 낭비가 많았던 부분을 수정함으로써 전체적인 연관성과 관리성을 유지할 수 있다. 그 과정에서 기존의 주제나 방식, 방법이 그 가치를 상실했다고 판단하면 과감히 삭제한다.

⚓ 일주일은 무지개로 관리한다 ⚓

언젠가 여름 소나기가 지나간 하늘에서 무지개를 본 적이 있다. 찬란한 빛이 너무도 아름다워 '저런 인생을 살수 있다면' 하는 생각이 들었다. 그래서 일주일을 무지개 색으로 의미를 부여하고 주제를 정해 경영하기 시작했다. 나는 일과 경영 노트에 요일을 적지 않고 색상으로 표시한다.

매일 부여된 의미와 주제를 중심으로 사고한다. 일정 노트에 요일을 색으로 표시함으로써 자연스럽게 그날의 주제를 연상하며 항상 새로운 기분으로 요일을 맞는다. 처음에는 '아무런 의미가 없는 쓸데없는 짓을 하고 있는 거 아닌가?' 하는 생각도 들었다. 그러나 지금 돌이켜 생각하면 이것은 오늘의 나를 있게 한 버팀목이 되어주었다.

사람이 살다 보면 생각하지 못했던 큰 문제나 고민에 봉착하고 안절부절못하기 마련이다. 그럴 때 무지개 색 요일 주제가 '딱히 중요하게 생각하지 않아도 될 것 같은', '그냥 쉽게 생각해도 될 것 같은' 가벼운 일로 변모한 적이 뜻밖에 많았다. "도대체 왜 했는가?", "어떻게 적용했는가?"라고 질문한다면 명쾌하게 답할 수 없다. 분명한 점은 무지개는 확인하려고 하면 할수록 확인할 수 없다는 것이었다. 그냥 그 사실을 받아들이고 마음에 들지 않는 순간을 그날의 무지개와 함께 견디는 지혜가 생겼다고나 할까.

내가 정한 요일별 표시 색은 다음과 같다.

월: 빨강-열정(인생에 '다시 한 번'은 없다). 출발일-기분 업시키는 날.

화: 주황-긍정, 여유(매 순간 나의 한계에 도전한다). 힘든 순간 이기는 날.

수: 노랑-밝음, 에너지(그럼에도 불구하고). 재도전하는 날.

목: 초록-자연, 편안함, 신선함(자유와 풍요로움). 주제 없는 날.

금: 파랑-정화, 믿음(선하고 가치 있는 삶). 자신을 깊이 들여다보는 날.

토: 남색-인내(까짓것, 이 정도쯤이야). 휴식.

일: 보라-영혼(한 방울의 눈물을 흘리자). 오전 정리, 오후 준비.

5

주말 48시간 꽁다리 김밥 시간 경영

성경 창세기에는 하나님이 엿새 동안 천지만물을 창조하고 일곱째 날에 쉬었다고 기록되어 있다. 그리고 십계명의 네 번째 계율은 '안식일을 기억하여 거룩하게 지키라'는 것이다. 그래서 하나님을 믿는 사람들은 옛날부터 안식일을 신이 정한 날로 신성시하고 예배를 했다.

이처럼 7일을 하나의 단위로 묶고 그중 하루를 구별하는 개념은 유대교와 그 전통을 이어받은 기독교에서 유래되었다. 이후 산업혁명을 거치면서 '노동'과 '휴식'의 구분으로 굳어졌다. 과거 토요일 오전만 근무하던 방식을 거쳐 오늘날에는 토요일과 일요일이 휴무일로 발전했으며 지금은 주5일 근무가 사회적 통념이 되었다.

현대인들은 바쁘다. 직장인은 회사 업무로, 자영업자는 가게 일로 분주하다. 그래서 온전한 개인 시간을 확보하기가 거의 불가능하다.

그리고 일상의 업무로 전쟁하듯 바쁘게 주중을 보내다 보니 주말은 좀 편히 쉬고 싶은 마음이 든다. 그래서 그냥 빈둥거리면서 주말을 흘려보내는 경우가 많은 게 사실이다. 그렇지만 그 시간들을 그렇게 마냥 흘려보낸다면 이루고 싶은 꿈과 목표로부터 점점 멀어지게 된다. 흘려보내고 난 뒤에 땅을 치며 후회한들 무슨 소용이 있겠는가? 이것저것 생각할 필요 없다. 내 꿈과 목표, 성장을 위해 주말을 이용하자. 주말 시간을 전략적으로 활용하자.

⚓ 주말, 오롯이 나를 위해 투자하라 ⚓

지금도 나는 금요일 저녁만 되면 가슴이 설렌다. 이미 주말 경영전략이 세워져 있기 때문이다. 목요일쯤이면 주말의 프로젝트가 완성된다. 주중에 밀린 일이든, 새로운 주제든 상관없이 나의 지향에 맞춘 주말 프로젝트가 완성된다. 그렇게 금요일부터 나만의 세계를 만들어 행복하게 마음껏 즐긴다. 그래서 몰입과 집중이 필요한 일은 가급적 주말 프로젝트로 만든다. 금요일 저녁부터는 휴대폰도 잠시 제쳐둔다. 저녁 약속을 잡는 경우도 드물고 꼭 참석해야 하는 부득이한 경우를 제외하고는 모임도 정중하게 거절한다.

주말 48시간은 온전히 자신의 시간이다. 자신의 판단과 선택에 따라 사용할 수 있는 엄청난 매력이 있다. 어떻게 사용하든지 간에 각자의 선택에 따라 스스로 만족한 결과물을 만들어내면 된다.

앞에서 이야기했던 것처럼 나는 김밥을 상당히 좋아한다. 그래서 단골로 다니는 김밥집이 있는데, 우리 집사람은 썩 좋아하지 않는다. 왜 그러느냐고 물으니 조미료 냄새가 많이 나서 그렇다고 한다. 그렇지만 나는 단골집 김밥이 맛있다. 그 단골집 김밥은 속 재료로 들어가는 오이나 당근, 우엉 등이 양쪽으로 좀 길게 빠져나와 있다. 보기에는 어떨지 몰라도 그 양쪽 끝부분의 맛은 김밥 맛을 능가한다. 김밥의 완성도와 미적 시각으로 보면 잘라버리는 것이 좋을 수도 있다. 하지만 나는 주인아주머니가 일부러 그렇게 모양을 만든다고 생각했다. 왜냐하면 김밥을 전문적으로 만드는 집에서 속 재료가 빠져나오지 않게 하는 것은 그리 어렵지 않기 때문이다. 또 원가 면에서 따져보아도 그렇게 만드는 것이 이익이다. 그래서 한번은 주인아주머니에게 물어보았다.

"일부러 양쪽 끝으로 재료가 나오게 만드시는 겁니까?" 그러자 주인아주머니가 웃으며 대답해주었다.

"호호, 맞아요. 손님에게는 별것 아닌 음식이지만, 저에게는 소중합니다. 아무렇게나 만들 수도 없지만, 정성을 다해 준비하는 것은 어느 음식점이나 마찬가지고요. 그런데 저는 김밥 재료부터 만드는 과정까지 김밥 한 줄 한 줄에 정성을 다했는데도 뭔가 부족하다고 느꼈어요. 그런데 어릴 때 엄마가 싸주시던 소풍 김밥 생각이 났어요. 김밥 꽁다리…. 정말 맛있었거든요. 호호호."

주말 시간 경영과 김밥에는 결정적인 공통점이 있다. 앞에서 이야기했듯 나는 김밥을 연상한 주간 경영전략을 세운다. 남들이 하듯 일주일을 7일로 보지 않고, 5일로 본다. 월요일부터 금요일까지가 김밥의 몸통이다. 이를 위한 주간 경영전략을 수립한다. 김밥 속에 어떤 재료를 얼마나 넣느냐에 따라 맛이 달라지듯이 주제와 프로젝트를 어떻게 채우느냐에 따라 주간 경영전략이 달라진다.

주말은 김밥의 양쪽으로 좀 길게 빠져나온 부분이라 생각한다. 가만히 생각해보면 김밥 양쪽 좀 길게 빠져나온 부분에는 없는 재료가 있다. 바로 주재료인 김과 밥이 없다. 주말에도 없는 것이 있다. 출퇴근과 공적인 업무가 없다. 출근하지 않으니 누구의 눈치나 지시를 받을 일도 없이 자유롭게 지낼 수 있다.

⚓ 주말에 자영업자 되기 ⚓

주말에는 자영업자가 되어보면 어떨까? 자영업자는 하루의 일과에 대해 누구의 간섭도 받지 않는다. 그 대신 스스로 가게를 운영한데 따르는 모든 결과에 책임을 져야 한다. 그래서 항상 최선을 다해 가게를 운영한다.

주말에 자영업자가 된다면 스스로 주말 시간 경영에 대한 모든 책임을 져야 하기에 투입 대비 최고의 결과물을 만들기 위해 최선의 노력을 해야 한다. 낭비나 게으름은 허용되지 않는다.

그렇다고 그것이 꼭 자신의 미래를 위한 투자여야 할 필요는 없다. 가족과 함께 봉사를 하거나 밀린 일을 처리하거나 꼭 하고 싶었던 일을 해치우는 것도 좋다. 무슨 일을 하든지 프로젝트로 만들어서 그 결과와 만족도를 극대화한다는 전략적인 마인드가 필요하다.

이를 위한 네 가지 방법을 소개하겠다. 첫째, 주말 시간을 균형 있게 배분해서 세세한 계획을 세우고 순서대로 실행하면 좋을 것이다. 주말에는 선택할 수 있는 여지가 많기 때문에 계획이 분명하지 않으면 시간을 낭비하기 쉽다. 계획을 세우면 자신이 해야 할 일이 분명해져서 하고 싶은 일에 집중할 수 있다.

둘째, 모든 선택에는 기회비용이 뒤따른다. 어떤 선택을 내리느냐에 따라 그 선택에 따르는 비용과 기회를 지불해야 한다. 주말 시간 경영의 경우도 마찬가지다. 아무런 제약이 없는 시간이라는 생각에 아무렇게나 계획을 세우고 신중하지 못한 선택을 하면 뒤따르는 기회비용이 클 수밖에 없다.

셋째, 주말 경영은 금요일부터 시작하라. 나는 일주일을 이원화해서 관리한다. 월요일을 시작일로 금요일을 주중의 끝 날로 삼아 주간 경영전략을 세우고, 주말 경영은 금요일 저녁부터 시작해서 일요일 저녁 7시까지로 잡는다.

넷째, 가족들의 동의를 먼저 받아라. 아무래도 주말은 가족들이 집에 있는 경우가 많다. 주중에는 서로가 바쁘게 생활하다 보니 얼굴을 마주 보며 이야기하는 것도 힘든 현실이다. 그런데 가족들에게 동의도 받지 않고 주말에 자기계발한다며 가족들과 등을 돌린다면 얻는 것보다는 잃는 것이 더 많다. 특히 주말 시간을 온전히 나의 것으로 활용하기 위해서는 가족의 이해와 협력이 절대적으로 필요하다.

주말의 48시간은 개인이 온전히 쓸 수 있는 자유로운 시간이다. 자유는 방임이 아니다. 자유에는 책임이 뒤따른다. 결국 주말 경영은 주어진 시간에 대한 책임을 온전히 짊어져야 하는 일이다. 따라서 자신이 판단하기에 따라 48시간이 더욱 값진 시간이 될 수도 있고 아무런 의미 없는 시간이 될 수도 있다.

6

새벽 시간 경영을 위한 수면법

⚓ 토막잠 달인 되기 ⚓

새벽 시간 경영전략은 잠을 줄여서 일하고 공부하자는 게 아니다. 다만 전략적으로 잠을 관리하자는 것이다. 일정한 수면 시간은 확보해놓고 부족한 잠은 틈틈이 자는 것이다.

〈조선일보〉 2017년 10월 19일 기사 중 하나를 보자. "한국인은 잠을 적게 잔다. 2016년 경제협력개발기구OECD 통계에 따른 한국인 하루 평균 수면 시간은 7시간 41분으로, OECD 평균 수면 시간인 8시간 22분보다 40분이나 짧다.

한국인은 일도 오래 한다. 2016년 OECD 기준 한국인의 연평균 근로 시간은 2069시간으로, 멕시코(2255시간)에 이어 '오래 일하는 나라' 2위를 차지했다. 하루 법정 노동 시간 8시간 기준으로 OECD

평균보다 38일 더 일한 셈이다."

이런 글을 접할 때마다 많은 사람이 착각에 빠진다. 그래서 '내가 잠을 적게 자는구나. 앞으로는 더 자야 되겠는 걸'이라고 생각하게 된다. 하지만 착가하지 마라. 그러면 망한다.

한국인이 잠을 적게 자는 가장 큰 이유는 늦은 시간까지 공부나 일을 하기 때문이다. 늦게까지 일하고 공부하니 밤에 소비할 수밖에 없다. 밤에 손님이 많으니 덩달아 밤일을 하는 노동자가 늘 수밖에 없다. 해장국집 손님 중에는 밤샘 노동자가 많다. 평균 노동 시간이 긴 우리나라에서 나이트맨이 늘어나는 것은 필연적이다. '밤이 좋다'는 올빼미족을 제외하고, 어쩔 수 없이 늦은 시간까지 일하고 한밤중에 소비하고 우리의 모습은 안쓰럽지만 현실이다.

또 다른 이유는 생활 습관의 변화다. 별로 할 일이 없어도 12시가 넘어서 잠자리에 드는 사람이 많다. 모임도 잠자리에 드는 시간을 늦춘다. 사람들이 저녁 늦게 만날 수밖에 없으니 늦은 저녁을 먹고 이야기하다 보면 12시를 훌쩍 넘기기 일쑤다. 조금 우습게 느껴지는 이유도 하나 있다. 일찍 자면 왠지 게을러 보인다고 생각하는 한국인이 많다는 사실이다. 정말 잠 못 이루는 한국의 밤이다. 늦도록 일하고 밤늦게 손님을 맞고 눈치가 보여 일찍 자지 못하니 말이다.

10여 년 전, '아침형 인간'이 사회적 화두로 등장했고 많은 사람이 여기에 열광했다. 아침에 일찍 일어나는 사람이 성공한다는 단순한 메시지로 인해 밤에 더 능률이 오른다는 사람까지도 난리법석을 떨었다. 이 '아침형 인간' 불길에 기름을 부은 인물이 바로 미래학자 앨

빈 토플러다. 정보화 사회에서는 강자와 약자, 큰 것과 작은 것 대신 '빠른 자'와 '느린 자'로 근본적인 변화가 일어날 것이라고 예측했기 때문이다. 타이밍도 이런 절묘한 타이밍이 없었다.

이렇게 해서 대한민국 전체가 아침형 인간으로 난리가 났다. 남보다 한 시간이라도 먼저 일어나면 그만큼 먼저 무엇인가 할 수 있으니 아침형 인간이 유리한 측면도 있다. 하지만 그 바람도 몇 년이 지나면서 시들해졌다. 왜 그랬을까? 진정한 변화를 동반하지 못했기 때문이다. 새벽에 일어나서 밤늦게까지 일하면 일시적으로는 성과가 나겠지만, 결국 생산성이 떨어지고 심지어는 건강을 해치게 된다. 시간을 단시적인 생산성 측면으로만 보았지 가치 창조적 측면으로 보지 않았던 것이다. 결국 습관의 변화로 이어지지 못했다.

똑같은 실천을 해도 다른 사람들보다 성과가 높고 만족스런 삶을 살아가는 사람들이 있다. 이것이 가능한 이유는 무엇일까? 스스로 자기에게 맞는 생체 리듬을 만들어 잠의 질을 높이고 시간을 창조적으로 활용하기 때문이다. 잠은 삶의 소중한 영역이다. 잠도 생활이며, 재충전의 시간이다. 그뿐만 아니라 꿈도 꾸고 아이디어도 키워간다. 미국 수면의학자 윌리엄 디멘트는 저서 『수면의 약속』에서 "수면이 계속 부족하면 금전적인 빚이 쌓이듯 나중에 잠을 자야 할 시간도 쌓인다"며 '수면 빚sleep debt'에 대해 설명했다. "수면 빚이 쌓이면 집중력 저하와 의사결정 지연, 무관심, 동기 상실 같은 문제가 생긴다"며 쌓인 수면 빚을 제때 '숙면'으로 갚아줘야 한다고 했다.

또 하버드대학 심리학과 새라 메드닉 연구팀은 2003년 과학 저널

〈네이처 뉴로사이언스〉를 통해 잠, 특히 낮잠에 관한 논문을 게재했다. 낮잠을 자는 그룹과 자지 않는 그룹을 비교 연구해본 결과 낮잠을 자는 쪽이 그렇지 않는 쪽보다 좋은 학습 능력과 기억 능력을 보여주었다는 것이다. 연구 결과는 1시간 정도의 짧은 낮잠이 밤새 자는 잠만큼이나 정신 지각 활동에 유익함을 밝혀주었다.

⚓ 토막잠을 잘 자는 방법 ⚓

토막잠을 잘 자기 위한 방법을 몇 가지 살펴보자.

첫째, 잠은 밤에만 자는 것이라는 고정관념은 버리는 게 좋다. 나의 경우 밤에 5시간, 일과 중간에 30분씩, 그리고 일이나 공부를 하다가 졸리면 잠깐씩, 이렇게 해서 하루에 7시간 정도는 수면을 취한다. 내가 새벽 시간 자원을 시도한 초창기 경험에 의하면 잠이 모자라거나 잠을 설치는 날은 매우 비효율적이었다. 신경이 날카로워지고 집중력과 기억력이 떨어졌고, 피곤에 찌들어 하루를 보냈다. 이것이 누적되면 체력에도 바로 신호가 오고 건강에도 문제가 생긴다. 그렇다고 어디서든 아무 시간에 마냥 잘 수도 없는 노릇이다. 그래서 잠자는 기술, 특히 토막잠을 관리하는 기술을 배우고 익혔다. 참는 것만이 능사가 아니다. 졸리면 밤이든 낮이든지 그냥 자는 게 좋다.

둘째, 대중교통을 이용하라. 나는 운전기사가 따로 있지 않는 경우에는 가능하면 대중교통, 특히 지하철을 이용한다. 지하철은 이동하는 시간을 정확히 예측할 수 있다. 잠깐 동안 자료를 검토할 수도 있지만 때로는 졸기도 한다. 이때 가려는 곳의 직전 역에 도착할 시각을 진동 알람으로 맞춰놓으면 부담 없이 낮잠을 즐길 수 있다. 물론 코까지 골고 잔다면 주위의 따가운 눈총을 감수해야 한다.

셋째, 일과 중 절대 시간으로 낮잠 자는 시간을 가져라. 나는 일정 중 절대 시간으로 낮잠 시간을 30분씩 두 번으로 정해놓았는데, 이 시간을 소중하게 관리한다. 아침 출근 시간 중 30분을 잔다. 출근하면서 30분을 자는 게 아니라 30분 먼저 집에서 출발하는 것이다. 그러면 러시아워를 피할 수 있어 50분 정도 일찍 도착한다. 또한 근처 지정한 곳에서 안락하게 30분의 숙면을 취한다. 그리고 점심 식사 후에 30분을 잔다. 물론 식사 후의 낮잠은 누워서 자지 않고 수면의자를 이용한다.

넷째, 낮잠은 결코 게으름의 상징이 아니다. 내 몸과 마음을 혹사하면서까지 일하고 공부하는 것은 결코 칭찬받을 일이 아니다. 일과 공부를 위해 잠을 극단적으로 줄일 필요는 없다. 즐겁고 행복하게 살기 위해 낮잠이라는 휴식을 취하는 것이지 결코 밤잠이라는 휴식을 줄이기 위해서는 아니다.

잠자는 시간을 낭비로 보지는 않았는가? 낮잠을 게으름의 상징처럼 묘사하고 비난하지는 않았는가? 이런 관점들은 노예 사회나 산업 사회에서 피고용인을 착취하기 위한 이념이었을 것이라 생각해본다.

어떤가. 잠에 대한 생각이 바뀌었는가. 거듭 말하지만, 새벽 시간 경영전략은 잠을 줄여서 일하고 공부하자는 게 아니다. 하루 일정한 수면 시간을 확보해놓고 새벽에 일찍 일어나 시간을 자원처럼 전략적으로 이용하기 위해 잠을 관리하자는 것이다. 나는 "당신이 가진 잠재력으로 잠에 대한 습관을 충분히 바꿀 수 있다"고 조언하고 싶다. 그 사실을 당신이 모르고 있다면 안타까운 일이다.

⚓ 수면 프레임 만들기 ⚓

잠을 푹 자는 것은 매우 중요하다. 고민거리, 내일 해야 하는 일 등 이런저런 걱정 때문에 잠을 못 이루고 엎치락뒤치락 밤을 새다시피 한다면 결국 누워서 끙끙거리다 일어나는 꼴이 된다. 그런 다음 날의 컨디션은 틀림없이 형편없다. 새벽 시간을 활용하는 사람이라면 더욱 그렇다. 그래서 수면하기 좋은 일정한 '수면 틀'을 가져야 한다. '수면 틀'은 단순히 '잘 자야지' 하고 마음만 먹는다고 생기지 않는다. 좋은 수면 습관이 자리 잡을 때까지 끊임없이 찾고 반복해야 한다. 이러한 과정을 통해 내 수면 환경과 패턴, 잠에 대한 경험과 실수 등 기존의 수면 프레임을 점검·평가하며 그 상황을 이해하고 개선함으로써 잘못된 수면 틀에서 벗어날 수 있다. 참고로 내가 지닌 수면 틀을 몇 가지 소개하겠다.

첫째, 매우 규칙적인 수면 계획을 가지고 있다. 나는 저녁 9시에 취침해서 새벽 2시에 기상한다. 아주 특별한 경우를 제외하고는 잠드는 시간과 일어나는 시간을 규칙적으로 유지한다. 심지어 초상집에서 밤을 보내는 경우에도 이 규칙을 어기지 않으려 노력한다.

둘째, 잠들기 전 반드시 묵상을 한다. 매일 약 30분씩, 일정한 시간에, 일정한 장소에서 묵상을 한다. 물 반 컵을 마신 뒤 가부좌로 앉아 정신과 근육을 이화시키면서 묵상에 들어간다. 하루를 정리하고 내일을 상상해보며 나를 되돌아본다. 여건이 허락지 않으면 10분이라도 꼭 묵상하고, 장소가 여의치 않으면 화장실에서라도 꼭 한다.

셋째, 잠들기 전 음식과 수분의 섭취는 피한다. 저녁은 7시 전에 먹고 그 후에는 수분의 섭취도 피한다. 단 묵상 전에 물 반 컵을 마신다. 그 이유는 수면 중 인체의 노폐물 운반에 수분이 필요하므로 보충해주는 것이다. 그리고 반드시 그 양을 지킨다. 물을 많이 마시면 자는 도중에 화장실에 가야 하기 때문이다. 7시 전에 식사를 끝내지 못할 경우에는 간단한 간식으로 대신하고 잠자리에 든다.

넷째, 일단 침실로 가면 세상의 일은 잊어버린다. 침실은 잠자는 곳이지 생각하는 곳이 아니다. 젊은 날에는 자기 전에 일부러 생각을 마음속에 담으려 했었다. 지금 생각해보면 참 부질없는 욕심이었다는 생각이 든다. 또 침실은 계절에 맞게 일정한 온도와 습도를 유지하고 조명을 어둡게 한다. 이부자리 등도 신경을 써서 그때그때 계절에 맞게 바꿔서 사용한다.

다섯째, 휴대폰은 반드시 무음으로 설정하되, 만약을 위해 알람을 맞춰 놓는다. 수면 방해의 주범 중 하나가 휴대폰이다. 그래서 휴대폰은 취침 전에 알람을 선택하면서 무음으로 맞춰놓는다. 사실 한밤중에 오는 전화나 메시지를 분석해보면 긴급을 요하거나 중요한 것은 별로 없다. 기상해서 확인해보아도 아무런 문제가 되지 않는다. 시계는 전자 탁상시계를 사용한다. 초침 소리가 없고 발광 기능이 있어 취침 전후에 유용하게 사용할 수 있기 때문이다. 다만 누웠을 때 보이지 않게 배치했다. 눈에 보이면 무의식적으로 시간을 의식하며 자주 확인하게 되기 때문이다. 늘 귀마개를 사용하는 것은 아니지만, 주변의 소음 때문에 수면이 방해될 때를 위해 항상 옆에 준비하고 있다.

⚓ 물건 제자리에 두기 ⚓

새벽 시간 경영전략을 실천하는 데 있어 '물건 제자리에 두기'는 꼭 필요한 습관이다. 누구나 필요성을 잘 알지만 실천하기 힘들고 쉽게 습관화되지 않는 것이 물건 제자리에 두기다. 더 넓게 이야기하면 주변 물건의 정리·정돈이다. 물건을 제자리에 두는 습관은 시간 절약에 많은 도움을 준다. 물건을 사용하고 아무렇게나 던져놓으면 보기에도 지저분하고 사용하려고 찾을 때 시간을 허비하게 된다. 정리·정돈이 잘 되어 있으면 엉뚱한 일에 시간과 에너지를 뺏기지 않는다. 깔끔하게 정리한다면 더 좋겠지만, 잘못하면 정리하다가 오히려 시간을 빼앗기는 경우도 있을 수 있다. 구체적인 방법을 몇 가지 알아보자.

첫째, 불필요한 물건 버리기다. 정리·정돈의 첫걸음이자 가장 중요한 사항은 '버리기'다. 수시로 체크해서 버리는 습관을 들여야 한다. 그래야 정리할 물건이 적어진다.

둘째, 물건의 지정석을 정하라. 즉 물건을 원위치시켜라. 물건의 지정석을 정해두면 의식하지 않아도 잠재의식이 물건을 찾아준다. 작은 상자나 케이스 등의 도구를 이용해서 지정석을 만들면 대충 구분

해도 찾기가 쉽다. 이때 지정석은 비슷한 물건들끼리 뭉쳐서 만든다. 사용 빈도에 따라 분류하고 앞쪽에는 사용 빈도가 높은 것, 뒤쪽에는 사용 빈도가 낮은 것을 배치한다.

셋째, 목록 또는 이름을 붙인다. 지정석에 있는 물건을 기억력에 의존하여 찾기보다는 목록을 이용하는 게 좋다. 견출지 등을 이용하여 겉에서 바로 볼 수 있도록 해두면 단번에 찾아 쓰기가 편리하다.

넷째, 사용 후 정리·정돈한다. 물건을 사용하고 지정석에 두는 것을 습관화한 후에는 이 습관을 조금 확장해서 적용할 필요가 있다. 사용한 물건을 지정석에 놓고 난 다음에는 잠시 주변을 정리하고 청소해주는 습관을 들이자. 덤으로 깔끔함과 청결함을 얻을 것이다.

다섯째, 정리·정돈 특정 요일을 정한다. 아무리 정리·정돈을 잘하고 있어도 지속성이 없으면 바로 주변이 지저분해진다. 이때 특정 요일을 정해서 집중 점검하는 것을 병행하면 그 효과가 높아진다.

이렇게 물건을 제자리에 두는 습관과 정리·정돈하는 습관을 들이면 시간을 절약할 뿐만 아니라 주변 환경을 쾌적한 상태로 유지할 수 있다. 더불어 다음 날 준비를 미리 하는 버릇까지 몸에 밴다면 금상첨화다.

7

시간을 쓰는 법에 따라 인생이 갈린다

낮과 밤의 구분이 모호해진 오늘날, 하루 24시간 중에 오직 나만을 위해 쓸 수 있는 시간이 있을까? 세상에 몇 안 되는 공평한 것들 중 대표적인 게 시간이다. 누구에게나 24시간이 주어진다. 부자도 24시간이고 거지도 24시간이고 사장님이든 말단사원이든 공평하게 24시간이다. 고3 수험생일 때나 직장 초년생 때나 승진해서 임원이 되었을 때도 하루가 24시간이라는 사실은 변하지 않는다. 다만 시간의 가치가 변할 뿐이다.

또 한 가지 공통점이 있다. 현대를 살아가는 사람은 모두가 바쁘다는 사실이다. 매일매일 바쁜 일상의 업무 속에 갇혀서 몸도 뛰고 생각도 뛰고 마음도 뛰면서 살아간다. 사장님은 사장님대로 바쁘고 말단사원은 말단사원대로 바쁘다. 아버지는 아버지대로 바쁘고 아들은 아들대로 바쁘다. 안 바쁜 사람이 이상한 사람이고, 바쁘지 않으면 자신이 세상에서 밀려난 듯싶다.

⚓ 시간의 가치는 역량의 가치 ⚓

모두가 자기 나름대로 정신없이 바쁘게 살고 있는 것 같은데, 왜 시간의 가치가 다르게 나타날까? 경영자의 시간 가치와 말단사원의 시간 가치는 왜 다를까? 그것은 역량이 다르기 때문이다. 역량이 다르니 결과물에서도 큰 차이가 난다. 이처럼 똑같은 시간을 일하더라도 업무 효율이 높은 사람과 낮은 사람의 시간 가치에는 엄청난 차이가 난다. 똑같은 일을 하더라도 전문가의 시간 가치와 비전문가의 시간 가치는 비교 자체가 어렵다.

사실 '바쁘다'는 말을 입에 달고 다니는 사람들은 자신의 역량 한계를 모르는 경향이 있다. 나 자신부터 되돌아보더라도 '이 일이 끝나면 한가하지 않을까?', '좀 더 일을 열심히 하면 여유 시간이 나겠지' 등의 막연한 기대감을 버리지 못하고 바쁘게 자신을 몰아치곤 한다. 그러나 막상 결과는 그렇지 못한다. 바라던 시간 여유를 찾지 못하고 오히려 더 큰일을 만나 허둥댄다. 그럴 때마다 내가 투자한 시간의 대부분이 목표와는 별 관계가 없는 엉뚱한 곳에 허비된 것만 같아 괴롭다. 때로는 다른 사람에게 책임을 전가하기도 한다.

똑같은 일을 해도 얻게 되는 시간의 가치는 다르다. 똑같은 시간을 투자했는데도 정작 투자 대비 결과물은 차이가 많다. 결국 역량 차이다. 자신의 낮은 역량을 높이려는 노력은 하지 않고 엉뚱하게 일의 양만 탓했던 것이다.

1인 기업가 공병호 박사가 쓴 『인생은 경제학이다』라는 책에 이런 구절이 있다. "우리는 인생에서 원하는 것을 모두 가질 수 없다. 돈이든 시간이든 자원이든 모든 것이 부족하다. 개인도, 가정도, 기업도, 국가도 한정된 자원으로 어떻게 원하는 목표를 효과적으로 달성할지를 고민한다. 현명하지 못한 선택이 인생과 세상을 빈곤하게 만들기 때문이다. 경제학은 돈을 벌거나 명성을 얻는 것처럼, 우리가 인생에서 원하는 것을 이루기 위해 꼭 필요한 '사고의 틀'을 제공한다. 즉 경제학으로부터 얻을 수 있는 가장 큰 이익은 사고에 현명함을 더하는 것이다."

그렇다. 누구든 자원은 부족하기 마련이다. 유한한 자원을 효율적으로 사용하는 것이 경제학이라면 시간이라는 자원도 경제학적으로 다루어 가치를 높임으로써 해결할 수 있을 것이다.

사람들은 머릿속에서 인풋과 아웃풋을 의식한다. 시간 자원을 투입하고 그 결과물의 크고 작음에 따라 시간의 가치를 측정한다. 우리가 의도적으로 '투입 대비 결과'라는 분석 틀을 적용하지는 않았다 하더라도, 사람이기 때문에 자신의 의도 유무와는 관계없이 은연중에 투입을 최소화하고 결과물은 최대화하는 판단과 기대를 하는 것이다.

특히 40~50대 퇴준생의 시간 활용법은 매우 중요하다. 20~30대는 모든 것이 빠르다. 생각도 빠르고 몸도 빠르다. 그래서 30대까지는

'작업 속도'로 일을 처리한다. 조금 잘못된 일이 있어도 바로 수정해서 추진하고 성과가 미진해도 다음을 위해 다시 도전할 힘이 있다. 하지만 40~50대 직장인은 '조금 더 노력하자', '이렇게 한번 다시 해볼까?', '바쁘면 그럴 수 있지' 등의 안일한 판단으로는 생존하기 힘들다.

⚓ 선택과 집중을 통한 시간 설계 ⚓

누구나 갖고 있는 시간의 총량이 일정하다면, 40~50대는 시간이라는 한정된 자원을 20~30대와는 다르게 배분해야 한다. 시간 경영에 변화가 필요하다. 왜 그럴까? 40~50대는 시간을 유한한 자원인 동시에 특별한 자원으로 활용해야 하기 때문이다.

그렇다면 그 특별한 자원을 어떻게 배분할 것인가? 바로 '선택'과 '집중'이다. 그런데 말이 쉬워 '선택'과 '집중'이지 무엇을 선택하고 어디에 집중해야 하는지가 불분명하다. 세상 이치가 다 그렇지만, 우선 나를 알아야 한다. 내가 하루를 어떻게 사용하고 있는지, 현재 자신의 시간 가치는 얼마나 되는지부터 알아야 한다. 자신의 씀씀이를 알고, 수입과 지출을 통제하기 가장 쉬운 방법은 가계부를 적는 것이다. 이와 마찬가지로 시간도 일단 사용 내역을 정리할 필요가 있다. 이것은 내가 24시간을 어떻게 소비하고 있는지 분석하는 것이다.

나의 경험을 이야기하자면 나는 기상 시간부터 꼼꼼히 적어나갔다. 밥 먹는 시간, 이동하는 시간, 업무 시간, 커피 먹는 시간, 잡담하는 시간까지 기록했다. 만약 놓치는 시간이 있으면 놓치는 시간도 기록했다. 처음에는 놓치는 시간도 많았고 기록을 이상하게 하는 바람에 분류에서 혼란을 겪기도 했다. 하지만 점차 나아지기 시작했고, 어느 정도 익숙해지면서부터는 한 가지 일을 끝낸 시간은 물론 그 일을 정리하는 시간, 다음 일로 연결하는 데 드는 시간까지 기록할 수 있었다.

분석을 할 데이터가 있으니 자연스럽게 나의 시간 활용에 대한 단점을 파악할 수 있었고, 시간의 통제가 가능해졌다. 그럼에도 나만의 시간을 언제 어디서 확보할 수 있는지에 대한 명확한 답은 찾지 못했다. 내 미래를 위한 투자에 일정한 시간을 확보해야 했지만, 아무리 고민을 해도 낮에는 별도의 시간을 만들어내는 게 불가능했다.

그래서 찾은 것이 새벽 시간이었다. 하지만 그 당시의 나는 일반적인 틀에서 벗어나지 못했다. 대부분의 사람과 마찬가지로 저녁 모임이 습관적으로 많았다. 그래서 늦은 저녁 식사와 음주가 잦았다. 늦게 귀가하고 여기에 비례해서 심신이 피곤해지고 잠자리 역시 늦어지기 마련이었다. 그러니 새벽에 일어난다는 것은 거의 불가능했다. 억지로 일어난다 하더라도 그날은 하루 내내 병든 병아리 같았다.

지금 생각해보면 초창기에는 사고와 사연이 참 많았다. 이 방법, 저 방법 수많은 실패를 겪었다. 웃지 못할 일화도 여럿이다. 퇴근해서 얼마나 몽롱했는지 내 집인 줄 착각하고 남의 집에 들어가 잠을 자다가 경찰에 잡혀간 적도 있다.

어쨌든 새벽 시간 자원을 찾으면서 '바쁘다'는 말이 없어졌다. 하루 24시간의 가치가 수직 상승했다. 남들에게 없는 시간, 남들이 허비하는 시간을 오롯이 나만을 위해 쓸 수 있으니 '바쁘다'는 말이 적용되지 않을 뿐 아니라 시간의 가치가 놀라울 정도로 높아질 수밖에 없었다.

바쁘게 사는 것이 알차고 보람 있게 사는 것이라고 착각하지 말자. 특히 40대 이후의 '바쁘다'는 불평은 자신이 시간이라는 자원을 비효율적으로 사용하고 있음을 나타내는 증거다. 40~50대는 인생 2막을 준비하는 시기다. 과거 대학에서 배운 것으로 평생을 우려먹던 시대는 지나갔다. 우리는 최소한 80세까지 현장에서 일해야 하는 시대를 맞이하고 있다. 내가 가지고 있는 지식과 경험을 조금 다듬고 향상시키는 정도로는 살아남을 수 없다. 결국 새로운 지식과 기술을 익히기 위해 재교육도 받아야 하고 열심히 자기계발을 해야 한다. 그렇지 않으면 사회에서 도태될 수밖에 없다. 이때 절실하게 필요한 것이 시간인데, 결국 새벽 시간의 혁신이 필요하다.

나는 새벽 시간을 직접 경험하고 실천함으로써 이것이 매우 소중한 자원이라는 사실을 깨달았다. 그리고 이 시간을 찾은 뒤로는 저녁 모임을 거의 만들지 않는다. 저녁 모임을 가면 여러 가지로 문제가 발생하기 때문에 부득이한 경우를 제외하고는 모임을 만들지 않는다. 저녁을 먹은 후 늦지 않은 시간에 잠자리에 든다. 나는 하루를 기준으로 아침 7시 전에 개인 일과를 마친다. 다시 말해 아침 9시 이후부터는 일반적인 업무를 시작하므로 아침 7시 전에 하루의 가치가 이미 결정된다는 뜻이다. 『명심보감』에는 "일생의 계획은 어릴 때 있고 일 년의 계획은 봄에 있고, 하루의 계획은 새벽에 있다"고 기록되어 있다. 새벽을 어떻게 보내느냐에 따라 하루의 가치가 달라진다.

나는 오랫동안 새벽에 일어나는 습관을 가지고 있어 굳이 자명종에 의존하지 않는다. 하지만 사람마다 신체 리듬이 다르니 자기 형편에 맞춰서 탄력적으로 기상 시간을 맞추는 게 좋다. 나는 새벽에 일어나는 습관을 가지면 시간에 휘둘리지 않을 뿐만 아니라 내 시간의 가치를 수직 상승시킬 수 있다고 확신한다. 치열한 이 시대에 새벽 시간 자원을 적극적으로 활용함으로써 시간의 가치를 높이고 이와 더불어 인간다운 삶의 질을 한층 높일 수 있다.

4장

5년 후 퇴직을 위한 인맥 관리

1

여전히 새로운 인맥을 만들 수 있다

이직을 위해 퇴사를 하든지, 회사가 싫어서 퇴사를 결심했든지, 그것도 아니면 정년이 되어서 퇴사를 하든지 이유가 어떻든 누구에게나 퇴사 순간이 온다. 이때 퇴사하는 사람은 두 종류로 대별된다. 준비된 퇴사를 하는 사람과 아무런 준비 없이 퇴사를 하는 사람이다. 이 중 준비된 퇴사자가 되어야 하는 것은 당연하다.

"준비할 시간이 있어야 하지." "매일 야근에 회식에 바쁜데 언제 준비하나?" "하려고 했는데 갑자기 급한 일이 생겨서…." 이렇게 변명하기로 일관하면 절대로 퇴사 준비를 못 한다. 변명을 앞세우는 사람은 퇴사를 결심한 순간부터 '이렇게 준비한다'라는 목표나 '어떤 일이 있어도 관철시키겠다'는 결심이 사라진 상태다. 그들의 속내를 들여다보면 퇴직 후의 삶이 어떻게 전개될지 막막하고, 수입이 불안하고,

이직하면 과연 적응을 제대로 할 수 있을지 두렵고, 지금까지의 내 이력이 무용지물이 되지 않을까 염려되어 모든 것이 까마득한 마음일 것이다.

변명을 입에 달고 사는 사람에게는 어차피 그 정도의 의욕밖에는 없다. 처음부터 자신이 없었던 것이다. 그래서 결국 '안 돼. 나는 할 수 없어'라며 자신을 비난하고 포기하고 마는 것이다.

하지만 준비하는 퇴준생은 마음가짐부터 다르다. 기존의 전통적인 직업관이 변하고 있다는 것을 인지하고 더 이상 재취업에만 목숨을 걸지 않는다. 자신이 해온 '업무'의 틀에 갇힌 획일적인 생각이 아니라 새로운 업의 개념으로 세상을 바라보고 준비한다. 그 일이 어떤 일이 되든지 새로운 삶을 통해 자신만의 가치와 의미를 부여하고 창직과 창업의 개념을 접목하는 것이다.

⚓ 두 번째 곡선 만들기 ⚓

경영철학자 찰스 핸디는 『텅 빈 레인 코트』라는 저서에서 S곡선으로 인간의 성장과 쇠퇴를 설명했다. 성공할수록 허전해지는 역설의 상황을 날카롭게 지적하며 그보다 더 광범위한 사회·인생학적 담론들을 제시하고 있다. 그는 먼저 우리 시대의 많은 역설적 현상들을 다루었다. 그리고 이러한 역설을 '관통'하기 위한 세 가지 원리로서 '시그모이드 곡선', '도넛 원리', '중국식 계약'을 강조한다. 즉 그것이 비즈니스든 우리 개인의 인생이든 두 번째 시그모이드 곡선을 만들어내는 시점과 방법에 힘을 쏟아야 하고, 그렇게 하기 위해 우리 자신의 '일'과 '역할'도 '도넛 원리'에 따라 핵심 영역과 주변 영역을 잘 관리하고 추구해야 한다고 말하고 있다.

퇴준생인 우리에게 두 번째 곡선의 의미는 매우 중요하다. 두 번째 곡선을 뽑아내면 처음에는 하향세를 그린다. 기존의 곡선에서 이탈하여 새로운 곡선을 뽑아내기 위해 하향 단계를 맞닥뜨릴 수밖에 없는 것이다.

이렇게 새로운 성장 곡선 하나를 만드는 시점에서 퇴사 준비를 하게 된다. 여기서 우리가 깊이 생각해야 할 것이 하나 있다. 사람들은 대개 '퇴사 준비'라고 하면 본인의 자질 향상에만 초점을 맞추는 경향이 강하다. 나는 그와 다르게 생각한다. 퇴사하면 기존 인간관계가 사라진다고 보는 것이 현실적으로 옳은 판단이다. 그 많던 연결이 사라진다면 어떨까? 그 고립감은 우리가 생각하는 것보다 훨씬 크다. 퇴직 후의 고립감은 바로 무기력으로 이어진다. 우울증에 빠지는 지름길이다. 교도소에서도 가장 힘든 형벌이 독방이라고 하지 않던가.

하지만 언제나 그렇듯이 적절한 퇴사 준비가 되어 있다면 상황이 달라진다. 우리 사회에서는 인적 네트워크가 유난히 중요하다. 외환위기 이후 많이 달라졌다고는 하지만, 비즈니스 세계에서 학연, 지연, 혈연 등 인맥 네트워크의 위력이 여전히 실존하고 있음을 실감한다. 그래서 인맥이 중요하다. 퇴직 후 이민을 생각하지 않았다면 새로운 2막을 위한 인맥을 형성하는 데 초점을 맞추어야 한다. 그것도 회사에 몸을 담고 있을 때 시간을 최대한 확보해서 해야 한다. 그렇게 하려면 회사에서 하는 업무부터 새롭게 '퇴사 시스템화'해야 한다.

'퇴사 시스템'이라고 해서 별난 것이 아니다. 우선 내 업무를 정밀하게 확인·검토하는 데서 시작한다. 이때 나만을 위한 기준에서 벗어나 팀의 업무와 공생할 수 있도록 회사 업무를 퇴사 시스템화하는 것이 중요하다.

⚓ 새로운 인맥을 구축하라 ⚓

시각과 청각을 모두 잃어 타인의 존재가 얼마나 중요한지를 누구보다도 더 잘 알았던 헬렌 켈러는 유명한 말을 남겼다. "듣지 못하는 것은 보지 못하는 것보다 더 불행하다. … 왜냐하면 보지 못하는 것은 사물들로부터 나를 고립시키지만 듣지 못하는 것은 사람들로부터 나를 고립시키기 때문이다." 실제로 헬렌 켈러는 자주 주변 사람들에게 가까이 가지 못하고 사람들과 소통할 수 없음이 가장 괴로웠다고 말했다고 한다.

그렇다면 어떻게 인맥을 만들 것인가? 한 점의 목표를 향해 '시그모이드 인맥'에 매달리는 것이다.

첫째, '기존 인맥의 선별적 정리'다. 모든 사람과의 기존 관계를 계속 유지하려고 해서는 안 된다. 일단 내가 앞으로 하고자 하는 일에 관련이 있을 법한 사람에게만 집중해야 한다. 당장 필요하지 않은 인맥은 아예 잊어버리는 것이 좋다.

둘째, 선별한 대상 중에서 구체적 인맥을 정한다. 선별한 인맥 중에서도 '우선순위'에 따라서, '마무리와 시작의 접점'에 따라서 구체적이고 실질적인 리스트를 만드는 것이다.

셋째, 전체를 구성해본다. 퇴사 시점과 남은 시간, 자신의 역량 등 전체적인 개관을 해보는 것이다. 그렇게 전체적인 그림이 보이면 지울 건 지우고 버릴 건 버리는 등 구체적인 실행을 위한 작업을 할 수 있다.

물론 얼마간의 노력과 경험이 쌓여서 의식적인 노력이 없어도 저절로 얻어지는 인맥도 있다. 하지만 '시그모이드 인맥'이 결코 하루아침에 만들어지지는 않는다.

퇴준생인 우리는 두 번째 곡선을 매우 의미 있게 받아들여야 한다. S자 곡선의 모양이 의미하듯 두 번째 곡선을 뽑아내려면 무지막지한 노력을 투입해야 한다. 물론 처음에는 기존 곡선에서 이탈하여 새로운 곡선을 뽑아내기 위해 하향 단계를 맞닥뜨릴 수밖에 없을 것이고 많은 문제점과 고통이 수반될 것이다. 이것을 이길 힘이 적절하고 효과적인 준비다.

사회 인맥이 아니라 사업 인맥을 관리하라

내가 만약 퇴직을 한 후 요즘 가장 흔한 치킨집을 창업한다고 가정해보자. 무엇을 우선적으로 해야 할까? 프랜차이즈 업체 알아보기, 치킨집 사장님 만나보기, 창업백서 공부하기…. 이것도 저것도 아니면 어느 가수의 우스갯소리처럼 '일단 한번 들이대'면 될까?

정말 안타깝고 어처구니없는 일은 남들이 수없이 망하고 나간 가게도 자신이 들어가면 꼭 성공할 것이라는 막연한 예감으로 일단 저지르고 보는 사람이 실제로 있다는 것이다. 물론 모두가 실패하는 건 아니지만, 성공 확률은 미미하기 그지없다.

과대망상에 빠지는 건 순식간이다. 어수선하고 어지러운 세상이다. 잘못된 생각에 사로잡히는 순간 모든 게 꼬인다.

"조금 쉬면 어때? 조금 늦으면 누가 잡아가나?" "논다고 세금 더 내는 것 아니잖아. 모르긴 해도 늦게 찾으면 그만큼 더 열심히 일할 거 아냐." "나 창업해서 대박 났어." "장사 시작해서 돈 좀 만졌다." "더 빨리 시작할걸…."

이제 막 창업한 초보 사장들이 이런 이야기를 늘어놓으면 나는 빙그레 웃는다. 그들은 이제 시작이다. 아장아장 걷기 시작한 햇병아리다. 무림의 세계에는 고수들이 차고 넘친다. 그런 고수들조차 한 방에 쓰러지는데, 초보자들이 철없는 생각에 빠져 있으니 걱정스럽기도 하다.

연극 공연을 생각해보자. 1막이 끝나면 조명이 꺼지고 커튼이 닫힌다. 그 뒤로 무대장치를 바꾸는 소리, 소품을 옮기는 소리가 들린다. 2막을 준비하기 위해 움직이는 사람들의 실루엣도 비친다. 스태프만 분주한 건 아닐 것이다. 보이지는 않지만 배우들도 다음 장면을 위해 대본을 보거나 의상을 준비하고 있을 것이다.

나는 퇴직 후의 막간이 이런 시간이라 생각한다. 한 막이 끝나고 다음 막을 준비하는 과정이다. 관객에게는 휴식 시간일 수 있으나 배우나 스태프에게는 준비 시간이다. 배우가 바쁜 스케줄 때문에 공연을 서두른다고 막이 올라갈 수는 없다. 시간이 되어야 한다. 준비가 끝나야 막을 올릴 수 있다. 그리고 주연배우가 다 준비했다고 모든 준비가 끝난 것은 아니다. 조연배우와 무대장치, 조명, 연출 등의 도움이 없다면 아무것도 할 수 없다.

그렇다면 이들의 도움을 극대화하여 이끌어내는 방법이 있을까? 그들과 떨어진 거리만큼, 필요한 만큼의 투자를 하는 것이 정답이다.

거리가 멀었던 것만큼 함께하는 시간을 늘리고, 내가 필요한 만큼 그들이 좋아하는 일들을 찾아 같이해주어야 한다. 이것이 사람과 가까워지고 인맥을 형성을 하는 기본적인 방법이다.

⚓ 기본을 뛰어넘는 인맥 관리 ⚓

그런데 많은 이가 기본까지만 한다. 시간 날 때 차 한잔 마시고, 기회가 있으면 식사를 하고 쓴 소주잔 기울이며 "우리는 한 식구가 아닌가?" 하고 말하는 것으로 마무리한다. 솔직히 이 정도도 하지 않는 것보다는 낫겠지만, 이것을 인맥 관리라고 볼 수는 없다. 그냥 친한 척하는 것에 지나지 않는다.

택시에 탄 후 "기본요금만큼만 가주세요"라고 말해보라. 아마 운전기사의 표정이 썩 좋지 않을 것이다. 그리고 교차로 두 곳을 지나자마자 내리라고 할 것이다. "기본요금만큼 왔습니다"라고 말하면서.

이렇게 기본으로 쌓고 유지하는 관계는 사회 인맥까지다. 기본을 넘어서야 한다. 사업 인맥으로 발전된 인연을 쌓고 싶다면 기본으로는 안 된다. 친밀한 사이가 되고 싶다면 '할증'과 '따따블'도 무릅써야 한다. 성의를 보여야 한다. 사람은 묘하다. 도둑놈도 자신에게 잘하면 좋은 사람으로 보인다. 그래서 상대방이 이것저것 선물해주고, 식사도 대접하고, 생일도 챙겨주고, 가족사에 축하 인사를 하는 등 눈에 보이게 신경을 써주면 마음이 쏠리게 되어 있다. 사람인 이상 그렇다. 이렇게 해서 가까워지면 조금 더 밀접하게 관리하는 것이다. 이때부터가 사업 인맥이다.

인맥 형성의 핵심은 '꾸준한 관심'이다. 인맥 관리의 달인이라는 사람들은 공통적으로 '관심'을 강조한다. 갑자기 나타나서 왕창 관심을 쏟아붓고 "이제부터 관계를 맺자"는 게 아니라 조금씩 알게 모르게 관심을 보이며 꾸준히 관계를 형성해야 한다. 이런 인맥이 훨씬 끈끈하고 오래간다. 서로에게 도움이 되려는 마음이 자연스럽게 우러나고, 그렇게 정이 오가면서 오히려 자신이 더 필요한 사람이 되기 위해 노력하게 되는 것이다. 사업 인맥이란 이런 것이다.

⚓ 사업 인맥으로 발전시키기 ⚓

사업 인맥은 절대 급조할 수 없다. 기본만 하면 되는 건 사회 인맥이다. 기본만 가지고는 사회 인맥의 한계를 뛰어넘을 수 없다. 그러므로 평소에 꾸준히 노력해서 인맥 근육을 만들어야 한다. 인맥에 근육이 붙으면 체력이 좋아져 인맥 선순환 구조가 만들어진다. 매일매일 꾸준히 인맥 근육을 키우는 운동을 해야 한다. 평소에는 운동이라고는 하지 않던 사람이 어느 날 갑자기 헬스클럽에 가서 몇 시간씩 무거운 역기를 든다면 바로 병원에 실려 가야 할지도 모른다. 인맥 근육도 마찬가지다.

세상에 공짜는 없다. 이것은 변하지 않는 원칙이다. 어쩌다 술 한잔 했다고 인맥이 되는 건 아니다. 사무실에서 전화로 "잘 지내세요?"라고 안부 인사하는 것도 인맥 관리와 거리가 멀다. 경조사 한두 번 챙졌다고 그 사람이 인맥이 되는 건 아니다.

앞에서 말했듯 거리가 먼 만큼 그들과의 시간을 늘리고, 내가 필요한 만큼 그들이 좋아하는 일들을 찾아 해주는 것. 그것이 사회 인맥 관리다.

이러한 사회 인맥을 기본으로, 조금씩 천천히 알게 모르게 관심을 가지고 꾸준히 관계를 굳건하게 하는 게 사업 인맥이다. 좋은 사회 인맥을 오랫동안 유지하는 원리도 이와 같다. 그래서 살다 보면 인맥 중에서 사업 인맥이 황금 인맥임으로 스스로 느끼게 된다.

처음에 던졌던 질문을 기억해보자. 내가 만약 퇴직 후에 치킨집을 연다면 가장 먼저 준비해야 할 것이 무엇인가? 이미 답이 나왔다. 그것은 바로 사업 인맥을 만드는 일이다.

3

감사하는 마음이 진짜 내 사람을 만든다

사람들을 만나면 만날수록 나 자신이 미력한 존재임을 깨닫게 된다. 사람이 가진 무한한 가능성에 감탄하면서 나에게도 그런 능력을 주신 것에 대해 신께 감사의 기도를 드린다. 그러나 한편으로는 신이 주신 능력을 얼마나 사용하고 있는지 돌아보면서 한없이 작아지는 나를 느낀다. 신이 주신 능력은 무한한데 내가 그것을 활용하지 못하고 있다면 결국 나를 지지해주는 사람들의 도움을 받아 그 능력을 실현하는 수밖에 없지 않을까?

그래서 나는 "고맙습니다"와 "감사합니다"를 입에 달고 산다. 누구를 만나든 먼저 감사할 거리를 만들려고 노력한다. 나를 돌봐주고 세상 누구보다도 믿고 사랑해주는 가족에게도 "사랑한다"는 말을 끊이지 않고 한다. 가족은 섬김의 대상이지 "내가 이만큼 사랑하니까 너도 이만큼 사랑해줘"라고 요구하는 거래의 대상은 아니기 때문이다.

그들이 내 곁에 있음을 감사할 줄 알아야 한다. 그리고 돌보고 사랑해주어야 한다. 아름다운 꽃이 있는 것은 감사할 일이지 그것을 바라보는 내가 대단한 것은 아니다. 땅속에 씨앗이 어느 정도의 시간을 인내하고 싹을 내밀면 햇빛을 받고 자연의 영양분을 흡수하여 가지를 뻗고 비바람을 견디어 아름다운 꽃을 피우고 열매를 맺는다. 시간과 정성이 아름다움을 만든 것이다. 시간과 정성은 다시 말하면 고통의 인내와 부단한 노력이다.

⚓ 감사, 돌봄, 사랑 ⚓

우리는 흔히 "농부의 마음으로 인맥을 관리해야 한다"는 말을 자주 한다. 좋은 씨앗을 골라 정성스럽게 파종한 후 땀 흘려 밭을 매주어야 가을에 풍성한 수확을 할 수 있듯이 인맥도 이렇게 관리해야 한다는 의미다. 이 말은 일면 타당하다. 하지만 노력한 것보다 훨씬 적게 거두는 것이 농부의 노동이라는 생각이 들어 함부로 이야기하기가 그렇다. 농부처럼 인맥을 관리하는 것이 좋은지 나쁜지를 떠나서 말이다.

요즈음 천천히 여유로운 마음으로 느긋하게 살고자 하는 많은 사람이 전원생활을 동경하면서 귀농을 결심하고 농부의 삶을 시작한다. 좋은 공기 마시며 손수 만든 텃밭에서 자신이 기른 채소와 과일을 흐르는 물에 씻어 대청마루에서 먹는 모습, 고무신 질질 끌며 냇

가로 나와 뜰망채로 물고기를 잡아 매운탕 펄펄 끓여 맛있게 먹는 재미, 이른 저녁 신선한 공기를 마시며 마실 나가고 밤이면 행복한 마음으로 책을 읽다가 밤벌레 우는 소리를 자장가 삼아 잠을 청하는 모습 등을 상상하기도 한다. 하지만 여러 말 할 필요도 없다. 그렇게 3개월만 살아보면 된다. 아마 정신이 번쩍 들 것이다.

현실 속 농부의 삶은 그리 만만한 게 아니기 때문이다. 농사일 만한 중노동도 없다. 옛날 우리 부모님들은 무슨 고상한 철학이 있어서 농사를 지은 게 아니었다. 오직 먹고살기 위해서, 가진 게 없어서, 배운 게 없어서, 할 수 있는 다른 방법이 없어서 그냥 죽으라고 일했던 것이다. 그것도 몸이 부서져라 들판에서 일을 해야 겨우 가족이 목숨을 이어갈 수 있었다. 그것도 맨몸으로 말이다.

또 농사란 것이 몸이 부서져라 일한다고 다 되지도 않는다. 하늘이 도와주지 않으면 불가능한 게 농사다. 제아무리 과학적인 영농을 한다고 해도 자연이 도와주지 않으면 말짱 도루묵이다. 그래서 농부는 서글프다. 남들은 과학 영농한다고 난리인데 나도 가만히 있을 수는 없으니 기례를 도입하고 배운다. 그런데 농기계 값이 너무 비싸다. 기계 사느라 대출을 받으니 느는 게 빚이다. 농사가 풍년이며 제값을 못 받아 마음 아프고 흉년이면 수확물이 적으니 가슴이 찢어진다. 농사를 짓는 것은 도를 닦는 것과 마찬가지다.

엄청난 노동에 비해 부족한 결실을 거두는 농부의 노동이 서글프기 짝이 없지만 그들의 순수하고 변함없는 성실함은 칭송받아 마땅하다. 들판의 어느 것 하나 그냥 단숨에 얻어진 것은 없다. 추수를 기다리는 가을 들판의 풍요로운 정경은 농부의 '돌봄'과 '사랑'의 결과물이다. 그만큼 많은 일을 했다는 사연을 담고 있다. 오곡백과는 농부의 발자국 소리를 듣고 자란다는 말이 있다. 그 농부의 발자국 소리는 '돌봄'과 '사랑'이다. 그만큼 부지런하게 일을 했기에 농작물이 성장한다. 가을 들녘 가득한 황금물결에 웃음 짓는 농부의 미소는 '돌봄'과 '사랑'으로 벅찬 일을 해냈다는 승리의 웃음이다.

그럼에도 농부는 자만하지 않고 모든 결실을 얻을 수 있게 해주신 신께 감사한다. 농부는 알고 있다. 인고의 세월을 보낸 자신의 능동적 노동 위에 자연의 힘이 도와주지 않으면 결실을 얻을 수 없다는 것을. 그것을 잘 알기에 비록 본인의 땀과 노력의 결과물이지만 신께 감사의 기도를 올리는 것이다.

농사를 통해 자연과 함께 살아온 농부의 마음은 선하다. 그 선한 마음과 부지런한 성실함을 우리는 가져야 한다. 그 선한 마음은 '돌봄'이고 부지런한 성실함은 '사랑'이다.

⚓ 위대함을 위한 준비의 시간 ⚓

처음으로 책을 쓰기 위해 많은 사람에게 배웠다. 만나고 싶은 사람은 밤에라도 찾아가서 이야기를 들었다. 당연히 좋은 말을 많이 들었지만, 그들에게서 자극도 받았다. 사람을 만나러 가는데 아무런 생각 없이 가는 사람이 없다. 나 역시 그 사람에게 듣고 싶고 물어보고 싶은 것, 그리고 도움이 될 만한 것들을 기대하고, 그 기대 이상을 얻기를 바라며 그들을 만났다.

보통 사람들의 이야기지만 그 속에서 큰 깨달음이 있었다. 때로는 은밀한 이야기도 많이 들었다. 이렇게 하면 좋다는 비결도 들을 수 있는 기회였다. 이렇게 많은 사람과 만나면서 나는 인맥을 만든다는 것이 무엇인지를 깨달았다. 그것은 바로 '준비의 시간'을 가지는 것이었고, 그 '준비의 시간'은 나를 담금질하면서 '나다움'을 준비하는 시간이라는 사실을 알았다.

정호승의 『내 인생에 힘이 되어준 한마디』라는 책에 나오는 한 구절을 생각해보자. "예수는 죽음을 통하여 사랑의 완성을 보여준 것도 위대하지만, 손에 굳은살이 박일 정도로 대패질을 하면서 인류를 구원할 준비의 시간을 지녔다는 사실이 더 위대할지도 모릅니다. 그러한 준비 기간이 없었다면 예수는 어쩌면 인류를 위해 그렇게 십자가에 못 박혀 피 흘릴 수 없었을지도 모릅니다."

성스러운 예수께서도 인류를 구하기 위해 십자가에 못 박혀 매달릴 때까지 오직 '그날'만을 간절히 준비하셨다. 예수께서 비록 하나님에 의해 예비된 삶을 살았다고 할지라도 나이 서른이 될 때까지 대패질로 자신을 담금질하며 준비하셨기에 십자가에 못 박혀 죽음으로써 우리 인간에게 완전한 사랑의 완성을 이루었다는 것이다.

정호승 시인은 같은 책에서 "아무런 준비 없이 이루어지는 것은 없습니다. 하물며 예수까지도 준비 과정을 거침으로써 우리를 구원해줄 수 있었습니다"라고 쓰고 있다. 옳은 말이다. 그의 말대로 예수께서도 철저한 준비를 하셨다는데, 하물며 우리야 더 말할 게 있겠는가.

"고맙습니다." "감사합니다." 누구를 만나든 먼저 감사할 거리를 만들고자 하는 내 입에서 떠나지 않는 말들이다. 그리고 이것이 나를 표현할 수 있는 가장 적절한 방법이라 생각한다. 나는 예수님의 '준비'와 농부의 '돌봄'과 '사랑'으로 "고맙습니다", "감사합니다"라고 따뜻하게 말할 수 있는 '거리'를 만들기 위해 부단히 노력하고 있다.

4 살아 움직이는 네트워크 관리법

많은 사람이 인맥이 중요하다고 말한다. 비즈니스 서적에서도 인맥을 자주 다룬다. 하지만 나는 작심하고 인맥을 만들어본 적이 없다. 어떤 모임이나 세미나에 갈 때 상대방이 주는 명함을 받아 오긴 하지만 내 명함을 건네지는 않는다. 물론 업무에 필요한 사람이나 앞으로 할 일과 관련이 있는 사람과는 당연히 인맥을 형성해야 한다. 즉 이해관계가 형성되어서 함께 일하기 위해서는 관계를 맺는 것이 바람직하다. 그러나 그에 앞서 내가 가진 인맥이 살아 숨 쉬는 생명력 있는 인맥인지를 아는 것이 더 중요하다.

30대 중반쯤 교차로에서 접촉사고를 낸 적이 있다. 교차로에 막 진입했을 때 황색등이 들어왔다. 당연히 교차로를 통과할 것이라고 예상하고 그대로 갔는데 앞 운전자가 급정차를 하는 바람에 추돌하고 말았다. 이유야 어쨌든 사고가 났으니 처리는 해야겠는데 아무리 생각해보아도 내가 불리할 것이란 판단이 들었다. 그래서 보험사에 전화하기 전에 평소 잘 지내고 있던 교통경찰에게 전화를 했다. 그의 반응은 기대와는 달랐다. 처음에는 늘 그렇듯 반갑게 전화를 받았다. 그러다 사고 소식을 듣고는 멋쩍은 목소리로 바뀌었다. 자신이 바쁘기에 다른 사람을 소개해주겠다며 기다리라고 했다. 한참 후 사고 처리 대행인이라는 낯선 명함을 가진 사람이 왔다. 나중에 알고 보니 교통사고만 처리하는 대행사 직원이었다. 실망스럽기도 하고 뒷맛이 개운하지 않았다.

시간이 좀 흐른 후 그 교통경찰에게 전화가 왔다. "하필이면 그날 바쁜 일이 생겨서…. 미안해." 언뜻 생각하면 그 사람의 행동은 현명한 처세로도 보인다. 하지만 깊이 생각하면 그렇지 않다. 평소 친밀했던 사람이 정작 도움이 필요할 그 순간에 아무런 반응도 보이지 않는다면 어떨까? 나는 그때 "위기에 닥쳐보아야 그 사람의 진실을 알 수 있다"는 말에 대해 곱씹어보게 되었다.

사실 그 나이가 되도록 인맥이란 문제에 대해 깊이 생각해본 적이 없었다. 그저 아는 사람들이 있고 그중에 친밀하게 지내는 사람이 있었을 뿐이다. 급한 일이 생기면 내가 아는 사람들 중에 그 일에 관계가 있는 사람을 찾아 부탁하는 정도가 굳이 인맥이라면 인맥이었다. 하지만 그 사건이 있은 후 나는 인맥에 관해 구체적으로 생각하게 되었다.

⚓ 소중한 사람들 사이의 다리가 되어주기 ⚓

방송 작가 이미애 씨가 쓴 『TV동화 행복한 세상』이라는 책을 읽었다. 2002년에 출판된 오래된 책인데, 그중에 '반쪽짜리 편지'라는 제목을 단 글이 기억에 남는다.

"두메산골 작은 마을에서 올라와 대학에 다니던 나는 한 달에 한 번꼴로 아버지의 편지를 받았습니다. 언제나 누런 종이를 반으로 갈라 연필로 꾹꾹 눌러쓴 편지의 서두는 이렇게 시작 됐습니다.

'달호 보아라.'

그런데 그날은 뭔가 이상했습니다. 달호가 아니라 '영숙아 보아라'로 시작된 편지는 아버지가 여동생 영숙이한테 보낸 것이었습니다.

혹시나 싶어 겉봉투를 보니 '최달호 앞'이라고 적혀 있었습니다.

'아버지도 참….'

피식 웃음이 났습니다. 봉투가 바뀐 거겠지 싶어 편지를 도로 넣으려던 나는 그 내용이 궁금했습니다.

'영숙아 보아라. 네가 보내준 돈은 네 오빠 등록금으로 보냈다. 오빠도 고맙게 생각할 것이다.' 초등학교만 겨우 졸업하고 그길로 공장에 취직해 뼈 아프게 일만 해온 여동생 영숙이, 다음 날 나는 바뀐 편지를 들고 동생이 일하는 공장으로 찾아갔습니다.

반갑게 달려 나온 영숙이도 편지를 한 장 들고 왔습니다.

'오빠, 이거 땜에 왔지?'

'역시 그랬구나. 여기….'

우리 남매는 바뀐 편지를 서로 바꾸었습니다. 동생이 받은 편지는 '달호 보아라'로 시작됐습니다.

'성적이 올랐더구나. 애비보다 영숙이가 더 기뻐할 것이다. 너는 돈 걱정 말고 공부만 열심히 하거라….' (중략)

반쪽짜리 편지는 우리 남매가 서로를 이해할 수 있도록 하기 위해 아버지가 일부러 꾸민 작전이었던 것입니다."

나는 이 글을 읽고 큰 충격을 받았다. '나를 위하기보다는 남을 위한 관계를 생각해본 적이 있는가?' '나만이 아니라 모두에게 필요한 인맥을 만들 수는 없을까?' 많은 생각을 하면서 어리석었던 그동안의 내 인간관을 바꾸기로 마음먹었다.

내가 급하고 어려운 일이 생겼을 때 그 사람의 도움을 얻고자 맺는 인맥이 아니라, '반쪽짜리 편지'의 아버지와 같은 관계를 형성하고 싶었다. 내가 중요하고 귀하게 여기는 사람일수록 그들이 서로 이해하고 소통하고 공유하여 서로에게 도움이 될 수 있도록 다리가 되어 주어야 하겠다고 생각했다. 특히 어렵거나 위기에 처한 사람에게 모두가 관심을 갇고 위로와 힘이 되도록 노력하는 그런 생명력이 있는 인맥을 가지고 싶었다.

그 이후 나는 기를 쓰고 인맥을 만들려 하지도 않는다. 기존에 알고 있고 친밀한 사이라 할지라도 다른 사람과 굳이 억지로 인간관계를 유지하고자 노력하지 않는다. 다만 나 자신을 갈고닦아 '나다움'을 먼저 갖춰놓은 기반 위에 맺은 인연을 소중히 여기고 한결같이 성실하게 대하려 노력한다. 그렇게 하는 것이 생명력이 살아 있는 인적 네트워크를 만드는 첩경이라고 확신한다.

우리는 매일 많은 사람을 만난다. 같은 업무를 하는 동료, 거래처 관계자, 친분을 나누는 친구 등 하루에도 수십, 수백, 수천 명을 만난다. 하지만 그중 인연으로 이어지는 사람은 극소수다. 경제적인 도움을 빼면 정신적 위안을 얻고 심리적 행복을 느끼는 인간관계는 과연 얼마나 되겠는가? 그러니 공연히 여기저기 쓸데없이 기웃거리고 이 사람 저 사람 만나고 다닐 필요가 있겠는가?

모든 사람에게 각기 자기 나름의 인맥이 있다. 하지만 그 인맥이 생명력 있는 인맥인지에 대해 자신 있게 말하기는 어렵다. 모임마다 적극적으로 명함을 교환하는 사람이 성공적인 인맥을 맺는다고 생각하지 않는다. 그보다는 인맥의 본질에 집중하고 소수의 가지 인맥에게 성실한 사람이 인맥에 성공한다고 확신한다.

나는 인맥을 만들기 위해 분주히 다니지는 않는다. 하지만 나와 인연이 깊은 사람들과의 관계에서는 '반쪽짜리 편지'의 아버지 역할을 하고자 부단히 노력한다.

큰돈 들이지 않고 전문가를 내 편으로 만드는 법

영웅들이나 성공한 사람들의 자서전을 읽다 보면 그들이 혼자 고민하는 장면들을 자주 발견하다. 그들은 옛날 사람들이다. 요즘 최고위직 관리자들은 혼자 해결하기보다는 그 분야의 전문가에게 의견을 묻는다. 급격한 환경의 변화로 혼자만의 힘에 의지하기보다는 주변 전문가의 지식과 힘을 빌려 문제를 해결하는 것이 효율적이기 때문이다. 현대사회는 융합의 시대이며 네트워크 사회다. 아무리 똑똑한 사람도 혼자서는 성공할 확률이 낮다.

그래서 나는 개인 비서, 주치의, 개인 변호사, 개인 법무사, 개인 세무사 등 많은 전문가를 곁에 두었다. 하지만 '전문가 옆에 두기'가 결코 하루아침에 이루어진 것은 아니다. 꾸준히 관계 관리를 하면서 공조 관계를 유지하고 서로에게 이익이 되는 관계를 이어가려 노력한 결과다. 나는 이들에게 정기적인 급여를 주지 않는다. 이익을 나누는 관계다. 다만 개인 비서에게 소액의 정기적인 급여를 지급한다.

⚓ 개인 비서 ⚓

나는 개인 비서가 있다. 그렇지만 개인 비서 얼굴을 모른다. 당연히 만난 적도 없다. 어디 사는지, 어떻게 사는지도 모른다. 다만 그가 학생이라는 것만 알고 있다. 전화 통화도 거의 없고 가끔 메시지나 메일로 메모를 남기는 정도다.

물론 갑자기 일정이 변경되거나 의견을 들어야 할 경우에는 전화를 이용하기도 하지만 아주 급한 경우가 아니면 통화하지 않는다. 비서도 골치 아플 게 없다. 한 달에 한 번 내게서 이메일로 월간 일정표를 받으면 스마트폰에 저장해놓고 알람을 맞추면 끝이라고 한다. 예를 들어 내가 출장을 갈 일정이 있으면 개인 비서가 미리 기차, 숙박 등을 앱으로 예매해서 나의 앱으로 보내준다. 자료 찾기, 반복적인 업무, 또 일반적인 구매가 가능한 품목의 구매 등도 해결해준다. 물론 공짜는 아니다.

⚓ 주치의 ⚓

지금은 이사를 하는 바람에 주치의가 바뀌었지만, 우리 가족은 정형외과 한 곳만 이용해왔다. 심지어 아이들 이가 아파도 먼저 이곳에 보냈다. 그러면 의사가 알아서 치과로 보냈다. 그때 그냥 보내는 게 아니라 그 아이 병력을 함께 보낸다. 이것을 본 치과의사는 '이 아이는 입안 염증이 심하구나' 판단하고 치료에 참작한다.

이처럼 병원에서 우리 가족 모두의 병력을 가지고 있다. 그뿐만 아니라 그는 우리 가족이 무엇을 좋아하고 싫어하는지도 알 정도다. 그래서 그가 우리를 어느 병원으로 보내든지 신속하고 질 좋은 치료를 받을 수 있도록 조치해줄 수 있었다. 진료하는 병원에서도 우리를 특별하게 대우했다. 대개의 경우 예약하고 번호표를 뽑아 기다리는 일조차 없었다. 간호사들도 우리를 친절하게 대했다. 진료하는 의사 입장에서도 치료가 한결 쉽다고 말했다.

앞으로 '게놈 지도'가 일상화되면 주치의가 반드시 필요하게 될 것이다. 나의 경우에는 특별히 주치의를 선택하거나 추가적인 업무를 맡기는 것은 아니기에 별도의 돈을 지급하지 않았다. 다만 정기적으로 조그만 선물 등으로 성의 표시만 했다.

⚓ 개인 변호사 ⚓

세상을 살다 보면 어쩔 수 없이 법원, 경찰서, 검찰청에 갈 일이 생긴다. 정말 가고 싶지 않은 장소에 가야 하는 당황스러운 상황에서 변호사의 한마디 조언은 금과옥조와 같다. 세무사나 회계사도 마찬가지다. 특히 개인 사업을 하는 사람은 이들과의 관계를 특별히 관리하는 게 여러모로 유리하다.

변호사, 세무사, 회계사 등은 평소에는 별로 접촉할 필요가 없는 사람들이다. 하지만 나는 이들과 꾸준히 관계를 유지한다. 가끔 전화로 안부를 묻거나, 한 번씩 만나 술 한잔하는 일반적 대인관계나 인맥 관리를 말하는 게 아니다. 나는 일이 없는 한 일부러 전화하는 일이 없다. 그러나 한 달에 한 번은 시간을 내서 찾아간다. 하다못해 박카스 한 상자라도 들고 찾아가 얼굴 도장을 찍는다. 또한 이들도 치열한 고객 유치 경쟁을 하고 있기에 나는 기꺼이 이들의 구전 영업맨이 되어 파트너 관계를 유지하려 노력한다.

법무사와도 관계를 유지하면 매우 편리하다. 꼭 부동산 등기 같은 일이 아니더라도 법에 대한 절차적·서류적 도움을 받을 수 있고 일반적인 수준의 법률 상담도 가능하기 때문이다. 이런 공조 체제를 구축하면 어떤 일을 처리하는 데 있어 시간이 크게 절약될 뿐만 아니라 비용 절감을 하며 성과를 내는 데 훨씬 유리하다. 따로 "당신은 저에게 중요한 인물입니다"라고 밝힌 적은 없지만, 그들도 나와의 관계가 특별하고 우호적임을 잘 알고 있다. 그러나 이것 하나는 분명히 알아두라. 세상에 공짜는 없다.

⚓ 최적의 조력자들 ⚓

복잡한 생활 속에서 시간에 쫓기는 사람들을 위해 각종 일들을 대신 처리해주는 대행업 관계자들과도 관계를 형성해두면 도움이 된다. 요즘의 대행업은 그냥 심부름센터 정도가 아니다. 퀵서비스부터

장례와 묘지 관리까지 정말 안 되는 게 없다. 쉽게 생각해서 나의 모든 잡무를 대행해서 처리해준다고 생각하면 된다. 나의 경우 비서에게 부탁하기 애매한 업무는 모두 이곳에 맡긴다. 그걸로 끝이다. 특히 1인 창업을 하는 사람에게는 이런 대행업체가 많은 도움이 된다.

네트워크야말로 가장 강력한 비즈니스 자산이라는 사실을 이해하고 최적의 조력자가 누구인지, 누가 되어야 하는지를 항상 고민하고 찾아야 한다. 나는 미용실도 한 곳만 고집한다. 옛날 말로 표현하면 '단골집'이다. 외상은 안 하지만 나에 대해 너무 잘 아니 헤어스타일에 대한 부담이 없다. 가끔은 미용업에 대한 정보도 준다(나에게 별 소용은 없지만). 나는 가끔 미용실 원장에게 감사한 마음을 담아 작은 성의를 표시한다.

그러면 그가 난감해하며 "공짜로 해주는 것도 아닌데 왜 이런 걸?"이라고 말하며 사양할 것 같은가? 그렇지 않다. 처음에는 의아해하지만 다음부터는 대우가 확 바뀐다.

중견기업을 경영하는 선배와 만날 일이 있어, 그 선배의 사무실에서 이런저런 이야기를 나눈 적이 있다. 그때 그 선배는 자신의 인맥 노트라면서 대학 노트 한 권을 내밀었다. 강연을 듣다가 배운 것이라고 했는데, 나에게도 크게 도움이 될 것이라 권했다.

노트 안에는 정말 많은 사람의 이름이 적혀 있었는데, 그 분류 방법이 특이했다. 필요한 사람, 다른 사람을 도움 받을 수 있는 사람, 가망이 있는 사람, 기여할 사람 등이 수많은 분류로 나뉘어 적혀 있었다. 그 선배는 자신이 아는 사람이 많다는 것과 체계적으로 분류해서 쉽게 사람을 찾을 수 있다는 사실을 매우 자랑스럽게 이야기했다.

우리 주변에는 내 선배와 같은 사람이 더러 있다. 다른 사람이 혀를 내두를 만큼 방대한 인맥 명단을 가진 사람, 주변에 항상 많은 사람이 모여드는 사람, 수많은 모임과 단체를 오가며 바쁘게 활동하는 사람…. 이들은 모두 '인맥 소유자'들이다.

그러나 퇴준생은 단순히 인맥을 보유한 인맥 소유자가 되어서는 곤란하다. 퇴준생은 새로운 도전에 직면한 사람이다. 지금까지 걸어온 길이 아닌 새로운 길을 가야 하기에 도움을 주기보다는 도움을 받는 입장이 된다. 그래서 많은 사람을 아는 '인맥 소유자'가 되기보다는 소수의 전문가를 내 편으로 만들어놓는 게 더 바람직하다. 이것이 훨씬 실용적인 인맥 관리다.

전문가 네트워크는 특정한 의식을 가지고 특정한 사람과 안정적 관계 유지를 위해 구축된 인맥이다. 목적의식적이고 안정적이며 능률적인 면에서도 좋은 인맥이 될 것이다. 또한 내가 특정한 목표를 품고 특정한 인맥을 가지려면 그 나머지는 과감하게 버려야 한다. 많은 사람과 선의의 관계를 유지하고 교류하는 것은 좋은 일이다. 하지만 내가 정말 필요할 때 도움을 받을 수 있는 관계가 더욱 좋은 것이다.

탈무드의 인맥 관리 18계명이니, 인맥 관리 지혜니, 인맥 마케팅이니, 인맥 앱이니 하는 수많은 인맥 관리 방법은 머릿속에서 지우는 게 좋다. 골치만 아플 수도 있다. 단순하게 살자. 당신이 소유한 인맥에서 옥석을 가려라. 쓸데없는 일에 시간과 비용을 낭비하지 말고….

따로 또 같이 인맥 관리법

나의 인맥 관리 원칙은 크게 두 가지다. 1원칙은 소수의 핵심 인맥 관리다. 그리고 2원칙은 불평등하게 관리한다는 것이다. 관리 방법 면을 보자면 두 그룹으로 나뉘어 관리한다.

1그룹은 대부분의 부가가치를 생산하는 그룹이다. 중요하게 생각하고 특별히 공을 들인다. 이 1그룹 인맥은 3개의 소그룹으로 나누어 관리한다. 2그룹은 사회생활을 하면서 형성된 인맥으로 기여도가 낮은 편이다.

⚓ 1그룹 ⚓

개인적 관계로 형성된 그룹이다. 앞에서 말했지만, 전문직 직업을 가진 사람들도 이 그룹에 포함된다. 직장에서는 특별한 관계를 맺은 상사, 부하직원, 후배 등이 1그룹에 속한다. 또 인터넷이나 모바일을 기반으로 하는 온라인 인맥 중에서도 옥석을 가려 1그룹에 포함시키는 경우가 있다. 이렇게 관리하면 아날로그 인맥의 단점을 보완할 수 있다. 1그룹은 소수의 인맥으로 형성되지만, 대부분의 부가가치를 생산하는 그룹이다. 1그룹은 3개의 소집단으로 구분한다.

첫째, 전문가 그룹이다. 이들을 고용하지는 않았지만 특별한 관계를 유지한다. 전문직 직업군의 사람들과 일대일 관계를 유지하는 것이다. 개인 비서를 빼고는 일정한 보수를 주는 것은 아니지만 지속적으로 관계를 관리한다. 나 또한 그들에게 도움을 주는 파트너십 관계를 맺고 있다. 전문직 그룹은 현실적으로 많은 도움이 될 뿐더러 투자 대비 결과의 만족도가 매우 높은 편이다.

둘째, 사회 핵심 및 직장인 그룹이다. 이 그룹은 현직에서 반드시 구성되어야 할 핵심 인맥으로 퇴직 후에 그 가치가 더욱 빛날 것이다. 부하직원이나 후배들은 중요한 인맥이 된다. 그런데 그들은 내가 퇴직하면 내 말을 절대 듣지 않을 것이다. 무서워서 피한다기보다는 얼굴도 보기 싫어서 피할 터이다. 그리고 솔직하게 말하자면 옛 부하직원이나 후배들과 친해보아야 자기 주머니만 축나는 것 같다. 그래도 이 인맥이 중요하다. 나중에 윈윈할 기회가 반드시 오기 때문이다. 부하직원이나 후배 중 똑똑하고 빠릿빠릿한 사람을 가려내고 그들과 긴밀한 관계를 형성해야 한다. 작은 조직이든 큰 조직이든 피라미드 형태를 유지한다. 그래서 조직의 장은 이런 직원들을 주의 깊게 보기 마련이고 결국에는 이들이 조직의 최고선까지 갈 가능성이 높다. 또 이런 싹이 보이는 직원에게는 주위에 따르는 사람이 많기 마련이다. 인맥 관리 측면에서 보자면 이런 주변 인맥까지 자신의 인맥으로 활용할 수 있다. 괜찮은 사람과 친분을 맺으면 그 사람의 인맥이 함께 연결되기 마련인 것처럼….

다음으로 퇴준생이 새로운 길을 찾는 데 도움이 되는 인맥이다. 어느 단체나 그 단체를 좌지우지하는 사람이 있기 마련이다. 평소에는 이들과 교류할 이유가 전혀 없었다 하더라도, 새로운 길에 필요한 인맥이라고 판단되면 그 조직의 중요 인물들과 미리 인맥을 형성해두어야 한다. 핵심 인맥만 차지하면 나머지는 자동적으로 흡수된다. 먼저 그 조직의 핵심 인물을 찾아내야 한다. '저 사람 정도면…' 하는 생각은 버려라. 자신의 정보력을 최대한 활용해서 2막에 필요한 인맥을 발굴해야 한다. 당장 기록해보는 것이다. 어떤 상황에서 어떤 사람이 도움이 될지를 기록하다 보면 누가 핵심 인물에 해당하는지를 알 수 있다. 다시 말하지만 이 사람 저 사람 마구 만나고 돌아다녀봤자 공연히 바쁘기만 할 뿐 그 효과는 미미하다. 그 조직의 핵심 인물을 인맥으로 삼아놓으면 생면부지의 인사와도 '내 인맥의 인맥' 관계를 형성하게 된다.

셋째, 온라인 인맥이다. 인터넷이나 모바일에서 타인을 만나 관계를 맺고 그 관계를 유지해나가는 일은 이제 보편화된 현상이다. 이처럼 우리 인간관계는 인터넷과 소셜 네트워크를 통해 기존과는 전혀 다른 모습으로 진행 중이다. 기존 아날로그식 인간관계가 소셜 네트워크 등을 통해 폭넓어지고 인맥 또한 확장되고 있다.

새로운 미디어의 출현에 따른 인간관계의 변화에 대해 어떻게 이해하고 받아들여야 할까? 40~50대 중장년 인간관계의 기본은 면대면 관계다. 이것이 무너지고 보이지 않는 너와 내가 만나는 현상이 보편화되고 있다. 그런데 말이 좋아 시공간을 초월한 융통성 있는 인간관계일 뿐이다. 자기 좋을 때 나타나고 자기 좋은 데서 만난다. 쉽게 만나니 쉽게 헤어지는 것은 당연한 일 아니겠는가? 서로에게 인간적인 애틋한 감정이 생기기 어렵다. 이것이 디지털 인간관계의 한계라고 생각한다. 보이지도 않고, 극히 개인적이면서도 쉽게 무리를 짓는다. 쉽게 연결되고 해체되는 피상적인 관계, 부담 없이 가벼운 시작과 끝이 이어진다. 이런 소통은 개인 중심의 교류로 '실시간'과 '즉시성'이 그 특징이다. 디지털 소통은 인간관계의 발전보다는 '변화'로 해석하는 게 더 적절하리라 본다.

그럼에도 디지털 인맥을 무시할 수 없다. 앞으로 어떤 일을 하든 인터넷이나 모바일을 통하지 않을 수 없기 때문이다. 인터넷과 모바일에서 관계를 맺고, 오프라인 모임과 미팅에 자주 참석해서 얼굴을 익히는 것이 좋다. 더 욕심을 내어 그 커뮤니티의 핵심 인물과 개인적 친분을 쌓아두는 게 모든 면에서 유익하다.

소셜 네트워크가 비즈니스의 새로운 장을 열고 있는 현실을 직시해야 한다. 다소 맥이 빠지는 일이 생겨도 인터넷 인맥의 중요성을 놓쳐서는 안 된다. 전 세계 경제와 정치, 사회, 문화를 주도하는 소셜 네트워크의 위력을 똑바로 인식하고 기회를 예의주시해야 한다. 솔직히 나도 소셜 네트워크에 대해 잘 모른다. "그것의 정체에 대해 규정하라"거나 "비즈니스와 산업 전반에 미치는 패러다임 변화에 대해 설명하라"면 우물쭈물하고 말 것이다. 하지만 한 가지 분명한 점은 놓치지 않았다. 바로 '엄청난 폭발력'이다. 그 거대한 물결에 내 몸을 맡기지 않으면 생존할 수 없음을 잘 알기에 적극적으로 배우며 그 활용도를 높이기 위해 노력하고 있다.

⚓ 2그룹 ⚓

2그룹은 일반적 인맥의 형성이다. 사회생활을 하면서 내 발목이 잡히지 않을 정도의 사람으로 네트워크를 형성한다. 일상적인 관계는 최소한의 선에서 유지한다. 여건을 보아 제한적으로 가끔 만나거나 통화하는 정도다. 그래서 소셜 미디어, 메시지, 이메일 등을 통해 관계를 보완한다. 경조사 등 특별한 경우는 꼭 챙긴다. 한마디로 휴먼 네트워크 관리에 방점을 둔다.

휴대폰 주소록을 비정기적으로나마 정리하듯이 2그룹의 인원수를 적정선에서 유지하기 위해 노력한다. 나는 개인 비서에게 많이 의존하고 있으며 경조사 등의 특별한 경우에만 내가 직접 나선다. 이것은 비밀인데, 결국 언급하고 말았다.

5장

5년 후 퇴직을 위한 지식 관리

퇴사도 공부가 필요하다

사람이 즐거운 일을 하면 전혀 힘들지 않다. 또한 즐거우면 시간 가는 줄 모르고 일하게 된다. 즐거운 일은 마음에 거슬림이 없으니 기쁨으로 충만한 시간을 보낼 수 있다. 공부는 더욱 그렇다. 공부를 즐거운 마음으로 하는 사람은 거의 없다. 그러나 공부를 하다 보면 깨우치는 재미, 아는 재미, 얻는 재미가 생겨 나중에는 스스로 즐겁게 공부를 하게 된다. 단 조건이 하나 있다. 독하게 해야만 얻을 수 있는 것이 공부의 즐거움이다.

한 치 앞을 볼 수 없는 정글 같은 사회에서 새로운 길을 가야 하는 퇴준생은 냉엄한 현실을 직시해야 한다. 격변의 사회에 닥친 불황은 예전의 불황과는 전혀 다른 모습으로 우리 곁에 다가왔다. 이제 자신이 지닌 업무 역량은 퇴사와 함께 무용지물이 되는 시대다. 퇴사는 곧 사회 퇴물로 전락하는 출구가 되었다. 이제 자기계발한다고 외국어를 공부하고 자격증 몇 개 따서 '스펙'을 높이는 건 아무나 하는 일반적인 노력이 되었을 뿐이다.

⚓ 퇴사 준비는 공부다 ⚓

퇴사 공부는 퇴사를 준비하는 방법 중 하나에 불과하다. 퇴사 준비를 어떻게 하는 게 좋은지는 전적으로 개인의 입장에 따라 달라질 수밖에 없다. 하지만 한 가지는 분명하다. 준비되지 않은 퇴사는 위험하다는 것이다.

여행에도 계획이 필요하듯이 미리 퇴사를 예상하고 여유를 가지고 준비된 퇴사를 계획해야 한다. 퇴사를 눈앞에 시각화하고 이를 준비하는 마음가짐을 지니며 명확하게 목표를 설정하고 꾸준하게 실천하는 진정한 자기계발이 필요하다. 지금까지는 나와 가족이 먹고살기 위해 원하지 않는 것을 참아가며 살아왔다. 변덕이 죽 끓듯 하는 상사, 갑질을 일삼는 거래처 관계자, 자신이 최고인 줄 아는 철없는 부하직원 등과 날마다 부대끼며 인내에 인내를 더해야 했다. 그러나 퇴사 후의 삶은 다르다. 내가 하고 싶은 일을 할 수 있는 기회가 온다. 준비가 잘 되었다면 말이다. 그래서 내가 하고 싶은 일을 신나게 하면서 준비하는 게 최선의 퇴사 준비다.

하지만 여기서 근본적인 질문이 있다. "내가 하고 싶은 일을 하면서 살 수 있을까?" 대답하기가 곤란하다. 내가 진정으로 하고 싶은 게 무엇인지도 불명확하기 때문이다. 초등학생 때는 꿈이 '대통령'이었다가 중학생이 되면 '정치인' 정도로 희미해졌다가 고등학교 들어가는 순간 그냥 '공무원'으로 변모한 것과 비슷한 경험이 있을 것이다. 우리는 자라면서 학교 다닐 때의 꿈인 '내가 하고 싶은 일'은 진정 내가 원하는 일이 아님을 알게 되고, 그냥 가슴에 묻고 일상에 몰두한다.

'내가 하고 싶은 일'이란 주체적인 나를 발견해서 실행하는 일이다. 그런데 이것의 전제 조건이 있다. '경제적으로 확실한 자립'이다. 이것이 선행되지 않으면 꿈의 실현은 절대 불가능이다. 생계 문제에 부닥친 가족의 등살을 견딜 수 없다. 그렇지 않더라도 사랑하는 자녀가 끼니를 거르는 처참한 광경을 그냥 두고 볼 수는 없는 노릇이다. 여기에 무감각할 수 있는 사람이라면 지금 당장 '내가 하고 싶은 일'에만 몰두해도 된다.

우리 세대는 끓는 물에 라면을 넣고 3~4분 후에 먹었다. 여기에 파를 썰어 넣고 계란이라도 하나 풀면 '특별한 라면'이 되었다. 그게 우리들이 먹던 라면이었다. 요즈음은 라면 하나 끓이는 데도 비법이 난무하는 세상이다. 라면의 종류가 왜 그토록 많은지도 의문이지만 라면에도 요리가 필요하다는 게 도무지 이해되지 않는다. 인터넷을 뒤지면 별 희한하고 요란스러운 라면 요리 비법이 나온다. 그것을 보면 '야, 이게 라면이야?'라는 감탄이 절로 나온다.

라면조차도 자기만의 비법이 있어야 하는 세상이다. 그런 세상에 살면서 공부는 어떠해야 하겠는가? 라면조차 이렇게 변했다면 우리도 더더욱 변해야 한다. 단순하게 '스펙'을 쌓기 위한 공부는 이제 접어야 한다. 이건 변혁의 시대에 맞지 않는 공부다. 사람이 하던 웬만한 일은 모두 인공지능이 하던 시대에 접어들었다.

지금은 '스펙' 팔아서 먹고사는 시대가 아니다. 남들이 하는 대로 따라 하는 판박이 공부로는 곤란하다. 과거 우리가 경험했던 교육은 남들이 만들어놓은 틀에 나를 끼워 맞추는 식이었다. 수능과 취직이 목표였으며 전부였다. 스스로 삶을 생각하고 자아발견이라는 삶의 철학적 의미를 고민하며 독창적이고 창의적인 인간으로 살도록 길러낸다는 교육은 본령이 존재하지 않았다. 입시와 취업이라는 두 가지 목표를 향해 모두 똑같은 삶을 살도록 강요할 뿐이었다. 승자와 패자로 분류되었고, 결국에는 승자도 패자가 되며, 패자는 영원한 패자가 되는 사회가 되었다. 젊은이들은 기존 제도에서 낙오하면 끝이라는 두려움 속에서 안정성이 보장되는 공무원에 목을 매게 되었다. 그러다 보니 공무원은 성공한 인간이고 그렇지 않으면 좀 모자란 사람으로 보는 경향까지 생겼다.

⚓ 창조적 공부를 위한 워밍업 ⚓

그런데 지금도 큰 변화 없이 그런 교육이 반복되고 있다. 급변하는 시대에 이런 교육과 공부가 그대로 이어진다면 매우 끔찍한 일이다. 이제는 자신만의 창조적인 공부가 필요하다. 하지만 갑자기 무리하면 안 된다. 모든 스포츠에는 준비운동이라는 게 있다. 몸을 풀지도 않은 채 갑자기 전력질주를 하거나 물속에 뛰어들면 승부는 고사하고 병원 신세를 져야 한다. 공부도 마찬가지다. 부작용을 예방하기 위해 공부 시작 전 워밍업이 필요하다. 방법은 간단하다. 하루 날을 잡아 골방에 틀어 박혀서 자문자답을 하는 것이다.

첫째, 자신을 찬찬히 되돌아본다. 되도록이면 사회 초년병 시절부터 시작한다. 회사에서, 가정에서 그리고 사회에서의 나를 뒤집어보는 것이다.

둘째, 무엇이 문제였는지를 아는 것이다. 되돌아본다는 것은 나의 정체성을 찾는 행위다. 중년에 이른 직장인으로 자신의 정체성에 대해 회의를 품으면 허전함과 자책에 빠지기 쉽다. 하지만 분명한 자신의 정체성을 찾는다면 문제가 무엇인지를 자연스럽게 알게 된다.

셋째, 문제가 무엇인지를 알았다면 해결해야 한다. 문제의 해결책은 무엇일까. 바로 공부다. 현실은 냉혹하다. 영화나 TV 드라마처럼 우연히 재벌 회장과 만나서 한 방에 재취업하는 따위의 일은 당신에게 절대 일어나지 않는다. 이런저런 공상에 빠지거나 이곳저곳 기웃거릴 여유는 없다. 알량한 이력서에 자격증 취득한 것 한 줄 더 넣을 생각도 하지 말자. 창의적인 퇴직 공부를 해야 한다. 그것도 죽기 살기로 해야 한다.

넷째, 공부에는 왕도가 없다. 물론 퇴직 공부에도 왕도는 없다. 우리는 이미 다단계적 삶을 살아야 하는 세상을 맞이했다. 과거의 경험으로는 이해조차 안 되는 사회에서 내 경험과 연륜으로 정답과 기준을 찾는다는 것은 어불성설이다. 그러나 절대 포기하지 말고 공부하는 '악바리'가 되어야 한다.

다섯째, 자생할 수 있는 진짜 공부를 찾아야 한다. 과거의 성공 요인은 이미 작동하지 않고 있고 미래 예측을 위한 근거를 과거에서 유추할 수 없는 시대가 되었다. 혁신 문화 콘텐츠와 창업가 정신으로 창업, 창직, 창작을 위한 진짜 공부를 찾아야 한다.

결론은 앞에서 언급한 행동을 습관화해야 한다는 것이다. 방법도 모르면서 안 되는 공부를 그냥 다그쳐 몰아붙인다고 해결되지는 않는다. 자문자답으로 문제를 찾고 스스로 해결하려 노력하는 과정을 반복하면서 내 몸에 밴 습관이 되도록 해야 한다. 새로운 지식이 입력되고 창의적 사고가 결합하여 창조적 결과물을 만들어내는 융합의 과정이 퇴직 공부임을 명심하고 습관화된 공부를 해야 한다.

좀 어렵게 느껴지겠지만, 그렇다고 미리 겁먹을 건 없다. 퇴사 공부가 즐겁기만 할 리 없지만, 방법만 잘 이해한다면 가능하다. 더불어 초등학생의 눈높이로 자신을 낮추어 공부 방법을 찾아보자. 초등학교 저학년은 공부 습관을 들이는 최적의 시기라고 한다. 초등학생 저학년은 부모의 개입이 필수적이다. 이때부터 '친구'라는 관계가 중요함을 알게 된다. 또한 시간 개념을 잘 익힐 수 있도록 계획표도 짜보는 시기다. 그리고 어휘력이 급격하게 늘어나는 시기이므로 독서 습관 형성에 주의를 기울여야 한다.

이러한 초등학교 저학년의 특징과 그에 따른 공부법을 우리에게 그대로 적용해보자는 것이다. 혼자 끙끙거리지 말고 전문가를 찾아 멘토로 삼고 인맥을 만들고 전략적으로 시간을 확보하여 지식을 충전시키는 것이다.

"끊임없이 변화하는 환경 속에서 성공을 좌우하는 요소는 타고난 지능지수나 부모로부터 물려받은 사회경제적 지위, 카리스마 넘치는 성격, 정규교육보다는 평생에 걸쳐 배우는 자세에 있다." 하버드대학 존 코터 교수의 강의 내용 중에 나오는 말이다.

퇴준생 공부는 절박하고 절실하고 간절한 마음으로 할 수밖에 없는 것이다. 따라서 이런저런 변명을 늘어놓으며 시간을 끌 수 있는 한가한 문제가 아니다. 더구나 직장 업무와 병행해야 하는 퇴직 공부는 결코 쉬운 일이 아니다. 이것은 삼척동자도 아는 사실이다. 하지만 어렵고 힘들다고 해서 안 해도 되는 그런 공부가 아니다. 그만큼 퇴준생의 공부는 절박한 문제이면서도 꼭 해결해야 될 문제다. 결론적으로 퇴준생은 악바리처럼 독하게 공부해야 한다.

독하게 공부한다는 건 의지로만 되는 것도 아니다. 그러기에 절박함과 절실함, 간절함이 동반되어야 한다. 미래의 내 모습을 상상하면서 마음 단단히 먹고 끈기의 근육을 키우며 '이때가 아니면 나는 죽는다'라는 사생결단의 자세가 꼭 필요하다.

2

퇴직 준비생도 사람으로 성장한다

인생은 그 어느 순간이든 치열하게 살아야 한다. 공부도 그렇지만 인생도 그렇다. 치열함 뒤에 오는 가슴 벅찬 행복을 경험해본 사람은 그 행복을 재현하고자 오늘도 치열하게 살아간다.

열심히 사는 것을 뛰어넘어 치열하게 살아야 하는 이유는 무엇일까? 치열하게 살지 않는다는 말은 편안하게 산다는 뜻이다. 그런 삶도 없지만, 있다고 하더라도 그것을 어찌 인생이라 하겠는가? 그만큼 삶의 절실한 의미를 모르고 사는 것이 아닐까 하는 아쉬운 생각이 든다.

치열하게 사는 사람은 어쩌면 진정 삶을 사랑하는 사람일지도 모른다. 그런데 요즈음에 와서 이 치열한 삶의 의미가 다르게 해석되고 있는 듯싶다. 숨 가쁘게 변화하는 세상에서 대부분의 사람들은 일용할 양식을 얻기 위해 하루하루를 분초 단위로 관리하며 정신없이 살고 있는 것이 현실이다. 치열한 삶은 어느 사이에 '치열한 경쟁 사회'란 뜻으로 변모되었고, 사람들은 그 경쟁에서 낙오하지 않기 위해 분주하게 움직이는 하루살이 같은 존재가 되었으니, 무슨 즐거움이 있겠는가? 미래의 청사진은커녕 오늘 당장 살아남기 위해 몸부림칠 뿐이다.

많은 사람이 무섭게 변하는 무한 경쟁 세상에서 살아남으려면 공부를 해야 한다고 말한다. 일리 있는 말이다. 이 치열하고 살벌한 경쟁 사회에서 계속 공부하지 않는 사람은 이길 수도 없을 뿐 아니라 살아남을 수도 없다는 사실은 자명하다. 그런데 막상 공부를 한다고 하면 어떤 공부를 해야 하는지, 어떻게 해야 하는지 막막하기만 하니 참으로 답답한 마음뿐이다.

⚓ 나의 성장을 이끌어줄 사람 ⚓

공부를 하기 전에 생각해보자. 배가 등대를 보고 노를 젓듯이 무엇을 등대로 삼아 앞으로 나아갈 것인가를 먼저 고민해보자는 것이다. 지금 우리에게 필요한 것은 다양한 경험, 폭넓은 지식, 자상한 인품, 강인한 리더십, 그리고 앞을 내다볼 줄 아는 혜안을 가진 사람이 아닐까? 이런 사람을 찾아 나의 멘토로 모시는 일이 무엇보다 중요하다고 생각한다.

물론 독학을 해서 이루고자 하는 목표에 도달한 사람들도 있다. 홀로 공부하는 것도 한 방법이다. 그것이 잘못된 길은 아니다. 하지만 시간과 노력이 많이 소비된다. 그래서 경험이 풍부한 안내자, 가르침을 줄 수 있는 사람의 도움을 받으면 효과적이다. 내가 성장할 수 있도록 곁에서 보호하고 도와줄 멘토가 필요한 것이다.

그리스 이타카왕국의 왕 오디세우스가 트로이전쟁을 떠나면서 자신의 아들인 텔레마커스를 보살펴달라고 친구에게 부탁했는데, 그 친구의 이름이 바로 멘토였다고 한다. 오디세우스 왕의 친구인 멘토는 왕의 부탁대로 왕자 텔레마커스의 선생님, 상담자, 부모 역할을 잘했다. 그 후 '멘토'는 지혜와 신뢰로 한 사람의 인생을 잘 보살펴주는 지도자를 뜻하게 되었다. 다시 말하면 멘토란 역량, 지식, 지혜, 긍정적 가치관을 두루 갖춘 상담자, 지도자, 스승 등의 의미를 지니고 있다.

멘토와의 만남과 교류를 통해 어려운 상황을 슬기롭게 극복하고 자아의 실현과 성장을 위한 노력을 경주할 수 있다. 그러나 이때 중요한 점이 하나 있다. 멘토에게 도움을 받는 존재인 '멘티'의 문제다. 멘토와 멘티의 교류가 멘티 위주로 쏠릴 위험이 있다는 것이다. 그러면 멘토 입장에서도 가벼운 마음으로 멘토링을 진행하기가 쉽지 않고, 그러다 보면 결국 서로에게 도움이 되는 발전적인 관계 형성이 어려워지곤 한다.

성장기의 청소년에게 멘토는 자아의 성장에 지대한 영향을 미치기 마련이다. 이런 점은 성인이라고 해서 예외는 아니다. 멘토는 먼저 길을 간 선배이며 이끌어주는 지도자이기에 그 중요성과 의미가 더욱 중요하게 부각된다.

⚓ 성공적인 멘토링 방법 ⚓

요즈음 직장인이나 사회 초년생들은 어떤 형태로든 멘토의 끈을 오래오래 유지하기 위해 무리를 해가면서도 필사적인 노력을 한다. 과거에는 없던 새로운 형태의 인간관계가 나타난 것이다.

그렇다면 멘토와 멘티가 서로 노력하여 좋은 결과물을 만들어내기 위해서는 어떻게 해야 할까?

첫째. 멘토링 계획서를 잘 만들어야 한다. 멘토링은 멘토에게 일대일로 지도받는 것을 말한다. 따라서 자신이 어떻게 지도를 받을 것인가에 대한 구체적인 멘토링 계획서를 만들어보아야 한다. 무엇을 물을 것인지, 무엇을 얻을 것인지, 어떻게 질문할 것인지 등을 구체적으로 계획하는 것이다.

둘째, 실패를 용인하라. 멘토링을 받았다고 해서 그것이 100% 정답이라고 장담할 수는 없다. 그러니 결과가 좀 미진하다 해도 실망할 필요는 없다. 멘토의 뜻을 다시 한 번 해석해보고 '이건 아니야'라고 단정하는 대신에 '이런 방법도 있구나'라고 유연하게 받아들여야 한다. 실패 요인을 찾아 개선하려는 노력도 매우 중요하다.

셋째, 끊임없이 '왜'라고 자문자답한다. 모르는 걸 부끄럽게 여겨서 질문을 주저하면 안 된다. 멘토의 강의를 들으면서도 '왜'라는 질문을 자주 해야 한다. 멘토링은 모르는 것을 알아가는 과정이다. 따라서 모르는 것이 당연하다. 그런데 왜 부끄러워하는가? 멘토링의 시작은 무조건 '예'가 아니라 '왜'임을 명심하자.

넷째, 멘토링 활동서 만들기를 습관화하자. 지도 받고 조언을 들었다면 그것을 정리해보아야 한다. 비록 일대일 지도이지만 멘토의 뜻을 내가 잘 이해했는지, 또 앞으로 예상되는 문제는 무엇인지 등에 대해 작성해두는 게 좋다. 그래야 다음 멘토링에 적용해볼 수도 있고 이에 대한 실행은 어떻게 할 것인지와 미래 결과는 어떤지 등에 대해서도 예상할 수 있다.

다섯째, 멘토링 명상을 하자. 멘토는 멘티의 지도자요 상담자다. 멘토링 활동을 종료하고 실행 계획까지 작성했다면 차분히 명상을 해보자. 이것은 정신의 평정심은 물론 멘토와의 신뢰성을 높이는 데도 도움이 된다.

3

스타벅스 커피처럼
내 가치 올리기

'스타벅스'에 대해서는 긴 설명이 필요 없다. 많은 책이 나와 있고 인터넷을 통해 회사의 설립, 대표 상품, 마케팅, 설립자 등에 관한 정보를 풍부하게 알 수 있기 때문이다.

'스타벅스' 하면 무엇이 떠오르는가? 나는 스타벅스의 브랜드 로고가 떠오른다. 처음 이 로고를 보았을 때는 조금 유치하게 느껴졌다. 기이한 모습이 꼭 처녀귀신을 연상시켰다. 그런데 인터넷을 검색한 후에 흥미로운 사실을 알게 되었다. 스타벅스는 소설 『모비딕』의 등장인물인 일등항해사 '스타벅'에서 유래했으며, 그 로고는 바다의 요괴 '사이렌Siren'을 형상화한 것이라고 했다. 그런데 좀 이상했다. 아름다운 노랫소리로 뱃사람들을 유혹해 배를 난파시키는 마녀 사이렌을 굳이 로고에 등장시켰을까?

로고는 회사의 얼굴이다. 그 생명은 간결함에 있다. 한 번 보고도 기억할 수 있도록 강렬하고 눈에 잘 띄어야 하되 너무 복잡해서도 곤란하다. 그렇다고 아무 의미가 없는 회사 로고는 없는 법이다. 도대체 스타벅스 로고에는 어떤 의미가 숨겨져 있을까. 『스타벅스 VS 민들레영토』라는 책에서는 이렇게 말하고 있다.

"우리나라의 커피 문화는 2000년대 들어 원두커피의 대중화가 되면서 커피 열풍에 휩싸였다. 특히 2007년을 뜨겁게 달궜던 드라마 〈커피프린스〉에는 꽃미남들이 대거 등장하고, 커피를 뽑는 모습을 생생하게 보여주면서 바리스타에 대한 환상을 심어주었다. 덕분에 집에서 커피를 뽑을 수 있는 에스프레소 기구들이 날개 돋친 듯 팔려나갔다. (중략)

그 당시 우리나라 원두커피 문화의 선두주자를 들자면 국내 토종 브랜드인 '민들레영토'와 미국계 커피브랜드 '스타벅스'였다. '스타벅스'는 신세계라는 대기업이, '민들레영토'는 지승룡이라는 개인이 이끌고 있었다. 스타벅스와 민들레영토는 브랜드 규모는 물론 취급하는 품목까지 차이가 크다. 그러나 스타벅스와 민들레영토 두 카페의 공통점은 둘 다 성공 브랜드라는 것이고 그 성공 요인은 오감 마케팅이라는 평가를 받고 있다. 시각부터 미각, 촉각, 후각, 청각까지 고객의 오감을 만족시키고 있다는 것이다.

시각과 촉각을 배려한 매장 인테리어부터 음료의 질, 음료와 매장의 향기, 매장 배경음악과 음료 제조 과정에서 나는 소리까지 고객의 오감을 만족할 만한 조건을 두 카페 모두 두루 갖추고 있다. 더욱이 스타벅스와 민들레영토는 함께 문화 마케팅, 감성 마케팅의 선두주자로 꼽힌다. 구체적으로 두 카페 모두 커피 판매와 함께 시간과 공간을 더불어 제공한다는 공통점이 있다."

그렇다. 스타벅스 로고는 예전에는 없던 전혀 새로운 커피 문화를 숨기고 있었던 것이다. 스타벅스는 그때까지 어느 누구도 제공하지 않았던 고객의 오감을 맞춘 커피를 팔았다. 그 전까지는 소위 '다방'이라는 곳에서 커피만 팔았다. 젊은이들은 LP판이 돌아가는 '음악다방'이라는 곳에서 커피를 마셨고 나이 든 사람들은 마담이 있는 '마담다방'에서 커피를 마셨다. 거의 모든 다방이 하나같이 이런 구조였다. 그런데 '사이렌'이 나타난 것이다. 이전과는 전혀 다른 커피 문화가 탄생한 것이다. 사람들은 사이렌의 오감 마케팅에 기꺼이 비싼 커피 값을 지불하며 열광했다. 매장 인테리어부터 배경음악, 그리고 고객의 편의를 고려한 이동선과 의자 등은 고객에게 원두커피의 진한 맛과 함께 편안한 감성과 시간과 공간을 제공한 것이다.

⚓ 지금까지 존재하지 않았던 전혀 새로운 것을 제공하라 ⚓

지금까지 없었던 새로운 것을 제공하는 것. 이것이 21세기의 치열한 경쟁 혹은 대변혁의 한가운데를 사는 우리가 갖추어야 할 절대 조건임에 틀림이 없다. 타계한 세계적 경영학자 피터 드러커 교수는 "현재의 대변혁은 어느 하나의 전문적 학문 체계에 의한 접근으로는 도저히 해결할 수 없다"며 "정보화 시대가 되고 사회가 점점 더 복잡해지면 좀처럼 사물과 현상의 본질을 이해하기 어렵다"고 이야기한다.

그렇다면 엄청난 변혁 속에서 그 본질을 꿰뚫어 보고, 통찰력을 강화하며 미래를 내다보는 능력을 어떻게 기를 것인가? 어떻게 거시적인 안목을 가질 수 있을까?

그렇다고 해서 우리 모두가 피터 드러커처럼 더 멀리, 더 깊이 들여다보는 학자일 필요는 없다. 다만 일상에서 탈피하여 미래를 위한 준비를 하고, 미래를 위한 지식을 쌓고, 미래를 위한 실체적이고 적극적인 실행을 해야 하는 것이다. 그 준비와 지식과 실행은 지금까지는 없었던 전혀 새로운 것이라야 한다. 그래야 변화한 고객을 유혹할 수 있다.

스타벅스의 커피는 비싸다. 그러나 사람들은 가성비가 높다고 판단되면 기꺼이 비싼 값을 지불한다. 우리는 지금까지 없었던 새로운 것을 제공해야 한다. 바로 우리가 '사이렌'이 되어야 한다. 그것을 위한 몇 가지 방법을 생각해보자.

첫째, 깊은 '생각'이다. 어두운 카페 구석에 자리 잡고 앉아 근엄한 표정으로 생각에 잠기는 것도 좋고 가부좌를 틀고 앉아 깊은 사색에 빠지는 것도 좋다. 나 혼자만의 시간과 공간에서 깊이 생각하며 얻는 깨달음은 남들과의 대화에서 얻는 깨달음과는 질적으로 다르다. 찬찬히 자신의 내면을 들여다보며 자문자답을 하고 깊은 생각에 잠기는 시간을 가져야 한다.

둘째, '지식'이다. 지식은 지혜를 발휘하기 위한 모으기 작업이다. 독서도 좋고 지적 활동인 세미나나 지적 토론에 직접 참여하는 것도 좋다. 요즈음은 온라인 콘텐츠를 이용하는 것도 효과적인 방법이다.

셋째, '인맥'이다. 많은 사람을 만나고 내가 필요한 사람이면 관계를 맺어야 한다. 구체적인 주제가 있는 만남이든, 탐색적인 만남이든 많은 사람과 교류하다 보면 내가 생각하지 못한 부분에 대한 아이디어를 얻는 등 큰 도움을 얻는다. 사회생활을 하다 보면 자기와 관련되어 있는 사람들과의 교류만 빈번하게 하기 마련이다. 이때 내가 '시그모이드' 시점을 지나고 있다고 생각된다면 의식적으로 이런 진부함에서 벗어나 다양하고 이색적인 만남을 통해 탐색의 기회를 넓혀야 한다.

넷째, '실행'이다. 결국 가장 중요한 것은 어떻게 실행할 것이냐다. 하루 내내 방구석에서 가부좌를 틀고 앉아 명상을 하고 세마나, 토론, 독서 등을 아무리 하더라도 실행이 동반되지 않는 한 말짱 도루묵이다. 지식을 지혜화해서 실행으로 옮기는 과정에는 대단한 용기가 필요하다. 하지만 무모함과 진짜 용기를 구별할 수 있어야 한다. 요컨대 진정한 용기로 실행의 벽을 넘어야 한다.

스타벅스는 새로운 점포를 낼 때, 빅데이터로 매출을 예측한다고 한다. 새로 임명된 CEO 케빈 존슨은 'AI 바리스타' 서비스를 개시하기도 했다. 인터넷과 모바일 서비스뿐만 아니라 최신 커피머신을 이용한 클라우드 서비스도 시작했다. 스타벅스는 변신에 변신을 거듭하고 있는 것이다.

스타벅스가 '사이렌'을 어떻게 설명하든 그들의 로고는 사람들의 오감을 만족시키는 마력을 지니고 있었다. 나는 달리 생각해본다. 사이렌이 유혹한 것이 아니라, 사람들이 사이렌에게 유혹당한 것이 아닐까. 거부할 수 없는 사이렌의 매력에 스스로 빠져든 것이 아닐까. 사람들이 마녀의 목소리인 줄 알면서도 즐겁고 행복하게 느꼈다면 사이렌의 유혹은 마녀의 유혹이 아니라 천사의 미소가 아닐까.

셀프 고용 시대의 독서법

독서의 즐거움

지식은 통상 '형식지'와 '암묵지'로 나뉜다. 우리가 흔히 말하는 지식은 '형식지'인 경우가 많다. 우리가 직장 업무에 분주하면서도 자기 계발을 위해 다니는 외국어 학원이나 자격증 학원에서 배우는 것이 대표적인 형식지다. 각종 세미나나 강좌, 강연 등도 마찬가지다.

그렇다면 암묵지는 무엇인가? 이것은 매우 개인적이다. 옛 TV 광고 중에 음식을 잘 만드는 할머니가 한마디하는 장면이 있다. "비결은 며느리도 몰라." 여기서 할머니의 비결이 암묵지다. 된장을 담그는 할머니 손을 비추면서 나오는 "장맛은 손맛이지"라는 대사도 같은 맥락이다. 암묵지는 다년간 어떤 분야에서 특출한 실력을 쌓아온 사람들이 지닌, 이론적 지식이나 과학적 원리로 체계화되지 않은 지식을 말한다. 때로는 노하우Know-how라 칭하며 전문적 기술과 구분하기도 한다. 형식지는 많이 보고 듣고 찾아다녀야 획득할 수 있다. 반면 암묵지는 극히 개인적이라 경험과 다양한 체험 등이 어우러져야 한다.

우리가 살아가는 데 필요한 지식은 형식지와 암묵지가 전부는 아니다. 다만 이것들은 삶을 영위하는 데 있어 기초가 되고 직업을 영위하는 데 필수불가결한 1차적 지식이 된다. 사실 지식은 지혜를 얻기 위해 필요한 것일 뿐이다. 이보다 더 중요한 지식은 삶의 지식, 즉 지혜다.

지혜를 얻기 위한 행위 중 가장 좋은 방법이 독서가 아닐까 생각한다. 독서는 이미 많은 CEO가 활용하고 있는 검증된 지식 공부법이다. 그중에서도 아모레퍼시픽 서경배 회장의 독서법은 매우 특이하다. 그는 대학교 시절에 '살면서 책 1000권을 읽는다'는 목표를 세웠다고 한다. 그는 일간지의 서평을 반드시 읽는다. 그리고 좋은 책이 있으면 바로 구입해서 읽는다. 책을 많이 읽는 사람과도 친하게 지낸다. 그는 독서를 하면서 책의 앞장에는 책의 내용을 기록하고 뒷장에는 느낌과 리뷰, 실천 사항 등을 메모했다고 한다.

교보생명 창업주인 고 신영호 회장도 탁월한 독서가로 빼놓을 수 없는 사람이다. 광화문에 있는 교보생명 본사 지하의 교보문고는 신 회장의 책 사랑을 보여준다. '사람은 책을 만들고 책은 사람을 만든다'는 신념을 가지고 기업을 경영한 신 회장은 본인 자신이 엄청난 다독가였다.

외국에도 책에 파묻혀 사는 경영자가 많다. 워런 버핏의 일과 중

80%가 독서 시간이다. 빌 게이츠 역시 이에 만만치 않은 다독가다. 그 외에도 페이스북 CEO인 마크 저커버그, 스타벅스 설립자 하워드 슐츠, 유명 방송인 오프라 윈프리, 미국 전 대통령 버락 오바마 등 수많은 명사들이 독서광이다.

독서는 투자 대비 고효율 고수익이라는 장점이 있다. 독서가 중요하고 효과적이라는 점에 대해서는 재론의 여지가 없다. 그래서 시중에는 독서 방법에 관한 책들이 많이 나와 있다. 내가 이 자리에서 따로 이야기할 게 별로 없을 정도다. 하지만 나의 개인적인 독서 경험, 퇴준생에게 필요한 독서 등에 대해 함께 나누고 싶은 생각이다.

한 가지를 먼저 이야기하자면 '비판적 독서'의 필요성이다. 우리는 지극히 개인적인 독서 행위를 하면서도 주위를 의식한다. 특히 '명작'이라는 라벨이 붙은 책에 대해 비판하는 것은 언감생심 꿈도 꾸지 못한다. 명작을 읽은 후 보편적인 평가와 반대되는 말을 꺼내면 "명작도 제대로 읽지도 못하는…" 등의 면박이 돌아온다. 그러나 시간이 흐를수록 비판적 시각이 배제된 독서는 생명 없는 책읽기에 불과함을 느끼게 된다.

나는 책을 통해 실용적인 지식을 얻기 위해 독서를 시작했다. 좀 더 솔직히 고백하면 모르는 게 너무 많아 세상일에 똑똑하게 대처하고 싶은 욕심 때문이었다. 말하자면 열등감에서 벗어나고 싶어 독서를 하기 시작했다. 그때가 30대 중후반쯤이었다.

처음 목표는 1년에 10권이었다. 남들이 들으면 피식 웃을 목표지만, 그 나이까지 읽은 책이 만화를 다 합쳐도 30권 남짓이었던 나로서는 대단한 목표였다. 이렇게 결심하고 시작하긴 했는데, 당장 문제가 생겼다. 어찌된 노릇인지 책만 들었다 하면 이내 눈이 천근만근 무거웠다. 조금 버텨보았지만 이내 허리가 아프기 시작했다. 사지도 뒤틀렸다. 그래도 '남아일언중천금'이라고 인내심을 발휘해서 몇 장 넘겼다. 그러면 앞장에서 무슨 말을 했는지 도통 기억이 나지 않았다. 이 나이에 벌써 치매가 온 건 아닌지 의심이 들 정도였다.

⚓ 운명적인 첫 만남 ⚓

30대 초반, 우연히 어느 모임에 갔다가 책을 선물 받았다. 마쓰시타 고노스케의 『길을 열다』라는 책이었다. 그 나이까지 아무 생각 없이 살아온 나는 이 책을 읽고 엄청난 충격을 받았다. 그 후 '마쓰시타 고노스케'와 관련된 책을 몇 권 더 읽었다. 이렇게 시작된 나의 독서는 삶의 즐거움으로 자리 잡는 듯싶었다. 하지만 책을 읽는다고 크게 생활이 변하지는 않았다. 특히 경제적 어려움이 여전했다. 나의 독서도 언제부터인가부터 시들시들해졌다. 지금 생각해보면 그 당시가 나에게는 '독서 슬럼프'가 아니었나 싶다. 하지만 늘 마음 한구석에는 뭔가 답답한 아쉬움이나 중요한 것을 놓치고 있다는 위기감 같은 게 도사렸다. 어쨌든 정체를 알 수 없는 암울한 기분을 지울 수 없었다.

'이래서는 안 되겠다' 싶어 고민하고 있을 때, 또 하나의 책을 만났다. 철학자 고 안병욱 교수가 쓴 『때를 알아라』라는 에세이였다. 1998년에 6500원이라는 거금(?)을 주고 샀던 기억이 난다. 이 책은 일반인을 위한 에세이집이다. 노 철학자의 통찰이 쉬운 말로 녹아 있어 깊이 빠져들었다. 이 책은 나의 독서 습관을 다시 일깨워주었다. 그날 이후 나는 책 읽는 것에 재미가 들었고, 그때부터 독서는 나의 일상이 되었다. 특별히 독서법을 배운 적은 없다. 그냥 읽었다. 재미있어서 읽었다. 안병욱 교수가 쓴 에세이집은 거의 다 읽었을 것이다. 그리고 그다음은 누구, 그다음은 누구…. 이렇게 독서가 확장되었다. 어느 순간부터 읽는 속도가 급격하게 늘어났고, 1년에 365권, 하루에 한 권씩 책을 읽고 리뷰를 쓰는 다독가가 되었다. 지금도 나름의 독서법을 만들어서 꾸준히 독서하고 있다.

⚓ 다독의 기쁨을 발견하다 ⚓

40대 중반의 일이다. 독서의 양이 폭발적으로 늘어나면서 욕심이 생겼다. '대한민국 5% 이내의 독서가가 되려면 몇 권을 읽어야 할까?' 하는 욕심 섞인 의문이 일었다. 그래서 '우선 매일 한 권씩 읽자. 그렇게 읽으면 1년이면 365권이다. 그리고 단 한 줄이라도 리뷰를 올려야 한 권을 읽은 것으로 간주한다'는 원칙을 세웠다.

처음에는 좀 무리라는 생각도 들었지만, 침대 벽에 붙은 '독서 리스트'에 한 권씩 책 제목이 늘어나는 기쁨은 이루 말할 수 없었다. 그해 말 365개의 '독서 리스트' 칸이 다 채워졌고, 나는 기뻐서 방 안에서 홀로 덩실덩실 춤을 주었다. 나 자신이 그렇게 대견해 보일 수 없었다. 누군가 그 모습을 보았다면 '저 사람이 정신 줄을 놓았나?'라고 생각했을 것이다.

지금은 1년에 150권 정도를 읽는다. 1일 1권보다는 많이 느슨해진 느낌이다. 하지만 독서를 한 단계 업그레이드시킨 결과다. 나는 독서 방법을 조금 바꿔서 프로젝트 방식에 따른 독서를 하고 있다.

⚓ 다독하는 방법 ⚓

세상에는 수많은 독서법이 존재하지만 자기에게 맞는 독서법은 따로 있다. 솔직히 이야기하면 남 따라 해봐야 별 소용이 없다. 또한 책의 종류에 따라 각기 다른 독서법을 활용하는 것이 효과적이다. 정독할 책을 속독하고 속독해도 무방한 책을 정독하면 아주 비생산적 독서가 된다.

우선 나는 책을 읽는 속도가 빠르다. 특별한 기술이 있는 것이 아니라 읽는 속도가 남보다 빠르다. 아마도 많이 읽었기 때문일 것이다. 활쏘기에서는 이론을 배우는 것도 중요하지만 실제 많이 쏘아보는 것이 최고라고 한다. 그래야 명중 확률이 높아진다. 이것과 같은 이치가 아닐까? 내 경우를 보면 대략 1년간 100권쯤 읽을 때부터 읽는 속도가 폭발적으로 빨라진 것 같다. 1년에 100권에서 200권, 300권 이런 식으로 독서량이 늘었다.

누군가가 "어떻게 하면 그렇게 많이 읽을 수 있느냐?"라고 물으면 나는 "많이 읽으세요"라고 대답한다. 무식한 방법같이 느껴질지 모르겠지만 처음에는 정독, 속독, 통독, 선독 등을 따지지 말고 아무 생각

없이 그저 많이 읽는 게 답이라고 생각한다. 많이 읽으면 저절로 자신이 알아서 읽게 된다. 활을 많이 쏴봐야 활을 잘 쏘는 것처럼 말이다.

⚓ 퇴준생이 다독하는 방법 ⚓

직장인은 높은 자리로 올라갈수록 업무량이 기하급수적으로 늘어난다. 그래서 개인 시간을 가지기가 매우 어렵다. 따라서 책을 읽을 시간도 절대적으로 부족해진다. 그렇다면 어떻게 해야 책을 많이 읽을 수 있을까?

나는 직장에는 '업무 책장', 집에는 '개인 책장'을 두고 있다. 직장에 책장을 마련해두면 일부러 시간을 내지 않더라도 그때그때 필요한 책을 찾아 보기 쉽고 점심시간 등도 생산적으로 보낼 수 있다. 특히 퇴준생은 새로운 것을 찾고 준비해야 하기 때문에 직장에서는 업무에 관련된 책을, 집에서는 개인이 준비해야 하는 책을 중심으로 읽는 것이 효율적이다. 그리고 최근 이슈에 대한 책을 읽으려고 의식적으로 노력하는 게 좋다. 퇴직 이후에 어떤 일을 하든지 사회 이슈에 맞물리는 일을 해야 할 경우가 많다.

⚓ 읽을 책을 구분하는 방법 ⚓

굳이 책을 구분할 필요는 없다. 생각해보았자 머리만 아프고 나중에 '내가 왜 그랬지?'라고 후회하기 마련이다. 일단 읽는 것이 중요하다. 음식은 먹어보아야 맛을 안다. 음악은 들어보아야 좋은지 나쁜지를 구분할 수 있다. 책도 읽어보아야 양서인지 악서인지를 알게 된다.

책을 샀다고 모두 읽겠다고 부담 갖지 말고, '책 10권을 사면 7권은 훑어보기만 한다'라고 생각하라. 무턱대고 읽기보다는 일단 훑어봐서 읽을 만한 책인지를 결정하는 게 효과적이다. 그렇게 하는 것이 시간이 부족한 우리가 마음 편하게 독서 삼매경에 빠지는 비결이다.

어떤 사람들은 "다독보다 한 권의 책을 천천히 깊이 있게 읽는 것이 차라리 더 좋지 않느냐?"고 묻곤 한다. 또 어떤 사람들은 "악서를 많이 읽는 것보다는 양서 한 권을 읽는 것이 더 좋다"고 한다. 옳은 말이다. 하지만 초기에는 그럴 수 없다. 양서 한 권을 읽기 위해서는 악서를 구분할 수 있는 독서량이 우선되어야 한다. 한 권의 양서를 찾기 위해서라도 많은 책을 읽어야 한다.

⚓ 책 고르는 방법 ⚓

요즈음에는 어려운 고전이나 인문서도 누구나 쉽게 이해할 수 있도록 다양한 도서가 나와 있다. 자신의 수준에 맞는 책을 고른다면 크게 문제가 없을 것이다. 고전이나 문학작품의 경우에는 유명한 학자나 이름 있는 작가가 추천사를 쓴 책이라면 이를 참고로 할 만하다. 또한 가급적 최근에 출판된 책을 고르면 아무래도 시대적 흐름이 반영된 책일 가능성이 높다. 이런 점들을 염두에 두고 독서할 책을 선택하는 것이 좋다. 굳이 한 가지 방법을 추천한다면 주제를 정해놓고 거기에 해당하는 책들의 머리말과 목차를 주의 깊게 읽는 것이다. 그러면 책을 선택할 때 큰 도움이 된다.

⚓ 나만의 책 고르기 팁 ⚓

나는 주제를 정해서 책을 읽는다. 그래서 책 고르기는 비서에게 많은 도움을 받는다. 내가 독서할 주제를 정해서 비서에게 이메일을 보내면 비서가 판단하여 도서관에서 대출한 후 나에게 보내준다. 대출기간이 보통 10일이기 때문에 독서 후 택배로 도서관에 보내면 된다. 내가 서점에 들러 책을 구입하는 경우에도 마찬가지다. 주로 특정 주제에 관한 책을 사기에 머리말과 목차만 보아도 읽을 책인지 아닌지를 알 수 있다.

⚓ 종이책을 읽어라 ⚓

전자책이 나쁘다는 것은 아니다. 그러나 종이책의 느낌은 다르다. 전자책에서는 책장을 넘기는 손맛도 없고, 잉크 냄새도 없고, 종이의 질감이 느껴지지 않는다. 전자책을 읽으면 그 장이 그 장 같고 모든 문맥이 똑같아 보이고 똑같게 느껴진다. 종이책에서 한 장, 두 장 손으로 넘길 때는 그렇지 않다.

책을 읽고 책장에 정리해놓으면 마음이 풍성해지며 점점 똑똑해지는 느낌을 받는다. 그것이 종이책 최고의 매력이다. 기왕이면 다홍치

마다. 전자책을 들여다보는 모습보다야 종이책을 들고 독서하는 모습이 훨씬 더 고상하고 아름답게 보이지 않는가.

⚓ 독서 시간 확보 ⚓

한가한 사람이나 "바쁘다"를 입에 달고 사는 사람이나 책 읽을 시간 없기는 마찬가지다. 한가하다고 책을 많이 읽는 것도 아니고 바쁘다고 책 읽을 시간이 전혀 없는 것도 아니다.

평소에는 책 한 권 읽지 않다가 휴가 갈 때는 가방에 책 20권을 챙기면서 "휴가지에서 책이나 실컷 읽어야겠다"고 말하는 사람이 있다. 이런 사람은 절대 책을 읽지 않는다. 아니 못 읽는다. 책 읽는 습관이 들지 않았는데, 어떻게 읽겠는가. 독서는 어디까지나 자기의 의지와 습관에 달려 있다.

책에 따라 다르지만, 내 경우에는 실용서 한 권을 읽는 데 대략 2~3시간 걸린다. 그런데 일반 직장인이 하루 2~3시간의 독서 시간을 확보한다는 게 쉽지 않다. 나는 한때 식사 때는 비빔밥만 먹으며 책을 읽었고 화장실 갈 때도 항상 책을 들고 갔고 교통신호 대기 시간에도 책을 읽었었다. 하지만 만족스런 결과는 얻어내지 못했다. 그래서 찾은 시간이 새벽 시간이었고 지금도 새벽 1시 50분이면 어김없이 일어난다.

솔직히 고백하면 나의 새벽 경영은 무슨 거창한 목표가 있어서가 아니라 직장 일에 구애받지 않고 많은 책도 읽고 싶다는 절박한 마음에서 시작된 것이다. 그러다 보니 일찍 일어나는 습관을 이용하여 짭짤한 수입도 올리고 이런저런 방법으로 새벽 시간을 이용할 수도 있었다. 그런데 나중에 손익계산을 해보니 새벽 독서가 가장 수지맞는 장사였다는 점을 알게 되었다.

독서 시간 확보에는 '독서에 대한 절실함' 이 한 가지가 최고의 방법이다. 그러면 누가 시키지 않아도 자연스럽게 어디를 가든 책을 들고 다니게 되어 있다. 나처럼 독서를 하고 싶어 일찍 일어날 수밖에 없는 사람도 나올 것이다.

⚓ 독서 한 권에 리뷰 한 건 ⚓

나는 그동안의 독서를 통해 한 가지 결론을 얻었다. "읽기는 쓰기다!" 독자 여러분이 이것을 꼭 기억했으면 좋겠다. 우리는 왜 독서를 하는가? 근사한 폼을 잡기 위해서도 아니고, 시간을 죽이기 위해서도 아니며, 딱히 할 일이 없어서도 아니다. 그냥 멍청히 있고 싶은데 누구 욕할까 걱정되어 책을 읽는 것은 더더욱 아니다. 우리는 부족한 시간을 쪼개서 절실한 마음으로 독서를 한다.

그렇다면 읽기는 쓰기다. 읽고 쓰는 행위의 반복 속에서 내가 성장하고 내면이 채워지는 것이라고 확신한다. 어떤 구체적인 결과물을 만들어내지 못하는 독서는 비실용적이다. 나는 독서의 결과물이 쓰기를 통해 나온다고 믿는다.

나는 리뷰하는 습관이 독서에서 매우 중요하다고 생각한다. 그래서 읽으면서 기억하고 싶은 명문장, 중요한 문단, '아하!' 하는 깨달음이 오는 부분이 있으면 반드시 적는다. 나중에 필요가 있을지를 따지지 않고 쓴다. 이때 펜으로 꾹꾹 눌러 써야 직성이 풀린다. 그러면 리뷰는 어렵지 않다. 아날로그 냄새가 나서 정감 있는 단어인 '독후감'도 별게 아니다. '쓰는 것'이다. 내가 느끼기에 기억은 아날로그가 좋다. 기록은 펜이 최고다. 하지만 정리와 저장은 디지털로 하는 게 효과적이다.

다독가가 된다고 해서 저절로 행복이 찾아오는 건 아니다. 세상은 그대로 있다. 나도 책을 읽으면 좋을 것이라고 짐작만 했을 뿐, 무엇이 어떻게 좋을지를 알지 못했었다. 하지만 지금은 명쾌하게 말할 수 있다. "다독은 자문자답에서 승리하는 길이다."

이 세상 모든 사람이 나를 욕해도 오직 나를 위로해주는 한 사람이 있다. 내가 고통 속에서 몸부림칠 때 언제나 내 옆에서 나를 위로해주고 감싸주고 잡아준 단 한 사람이 있다. 나는 힘들고 어려울 때마다 그를 부른다. 바로 나 자신이다.

지금까지 살아오면서 그는 단 한 번도 나를 배신하지 않았다. 나는 그를 만나고부터는 한순간도 희망을 잃지 않았다. 나는 필요할 때마다 그와 많은 대화를 한다. 그러나 그와 대화하면 언제나 부족한 나를 만나게 된다. 그래서 약이 올라 독서를 하고 거기에서 용기와 인내와 끈기를 얻는다.

솔직히 말해 독서를 많이 함으로써 마음이 풍성해지고 해박하고 똑똑해지는 것 같은 느낌을 받았다. 그런 착각 속에서 스스로 희열을 느끼기도 했다. 하지만 이것은 나 자신과의 대화에서 얻는 행복과는 비교가 되지 않는다. 그래서 지금도 행복한 마음으로 책을 집어 든다.

모든 것을 스스로 해결하는 글쓰기

프랜시스 베이컨은 "아는 것이 힘이다"라는 명언을 남겼다. 그의 말처럼 근대사회는 지식을 중심으로 발전해왔고, 앞으로의 사회는 지식을 중심에 놓고 움직일 것이다. 하지만 과거 정답만 찾는 학교교육은 사회에서 생명력을 잃은 지 오래이고 학력만 높게 쌓는 '스펙'은 고사 일보 직전에 있다.

교육이 죽은 사회, 스펙이 고사된 사회에서 어떻게 지식을 쌓아야 할까? 독서는 지혜를 쌓는 최고의 방법이다. 독서는 투자 대비 고수익 상품이다. 상당수의 사람들이 독서를 통해 특별한 성과를 이루어내고 성장하는 경이로운 경험을 한다.

그런데 책을 많이 읽다 보면 글을 쓰고 싶다는 욕망이 생긴다. 그 욕망은 직장에서 기획서를 잘 쓰겠다는 마음과는 다르다. 개인의 내면을 글로 옮기고 싶다는 차원이다. 나도 그랬다. 잘 쓰고 못 쓰고를 떠나 그저 쓰고 싶다는 마음이 깊어갔다. 그러던 중에 나의 뇌리를 자극하는 한 문장을 읽게 되었다. 김태길의 '글을 쓴다는 것'이라는 수필 중 한 구절이었다.

> "글이란, 체험과 사색의 기록이어야 한다고 한다. 그리고 체험과 사색은 시간이 필요하다. 만약 글을 읽을 만한 것이 되어야 한다고 믿는다면 체험하고 사색할 시간의 여유를 가지도록 하라."

이 글을 읽고 나는 실망했다. '나의 수준이 아직은 글을 쓰기에는 턱없이 부족하구나'라고 생각하며 포기했다. 나 자신이 진정으로 원하는 것이 무엇인지 알면서도 들어줄 수 없는 스스로가 한없이 작아 보였다.

⚓ 나의 내면을 스스로 드러내기 ⚓

우리 세대의 중년들은 학교에서 정답만 찾는 교육을 받았다. 정답만 잘 외우고 빠르게 잘 찾는 사람이 우등생이었다. 하지만 지금은 다르다. 정답이 하나가 아니고 둘도 되고 셋도, 백도 될 수도 있으며, 반대로 정답이 하나도 없을 수도 있는 시대를 살고 있다.

또한 정답이 있는 문제나 정답이 수만 가지라도 어떤 틀 안에 존재하는 문제를 푸는 데는 인공지능을 절대 따라잡을 수 없다. 과거에는 모방과 추종으로 성공할 수 있는 시대였고 정답을 잘 외우고 잘 찾는 사람이 성공했었다. 하지만 이제는 길을 잘 찾는 사람은 아무 쓰임새와 가치를 인정받지 못하게 되었다. 이것이 우리 시대의 비극이 아닐까.

이제는 새로운 길을 만드는 사람이 필요한 시대다. 각기 다른 생각이 섞이고 합해지는 융합과 전혀 새로운 창의와 창조가 요구되는 시대다. 그렇다면 먼저 자신의 본질부터 알아야 한다. 특히 이제부터 모든 것을 스스로 해결해야 하는 퇴준생은 어떻게 살아야 하는지를 고민하기 이전에 내가 어떤 사람인지를 알아야 한다.

글을 쓰는 것은 자기의 과거를 뒤돌아보며 현재의 나를 드러내는 고단한 지적 작업이다. 글을 쓴다는 것은 나 자신의 엉클어진 마음을 가라앉히면서 다시 진정한 자신 본연의 모습으로 돌아가는 과정이다. 글을 쓴다는 것은 어떤 객관적인 사실에서 한걸음 물러나서 그것을 바라보는 마음의 여유를 갖는 일이다. 그렇다면 굳이 나 자신을 남의 올가미에 가두는 어리석은 행동은 하지 말아야 한다.

글쓰기를 포기했던 내 생각에 변화가 생겼다. '나의 내면을 스스로 드러내놓음으로써 자유로운 나를 찾는 것. 그것이 글쓰기라면 부족한 나도 두려움을 무릅쓰고 쓸 수 있는 것 아닌가? 글은 내 생각을 쓰는 것이다. 내 생각은 나를 뜻한다. 내 인생의 주인은 나인데 무엇을 두려워하는가? 인생에 정답이 없다면 두려워하지 말고 글을 쓰자. 그것이 나를 더욱 성숙한 인간으로 만드는 길이다.'

이렇게 마음을 정리한 이후 누가 뭐라고 하든 죽이 될지 밥이 될지도 걱정하지 않고 그냥 썼다. 누가 읽지도 않겠지만, 누가 읽는다고 해도 상관없었다. 어차피 남에게 보여줄 마음은 애초부터 없었으니 말이다.

그럼에도 글쓰기는 고통스런 작업이었다. 어떻게 스스로를 향상시킬 수 있는지에 대해 끊임없이 자문자답하면서 성찰하고 깨달아가는 작업이었기 때문이다. 하지만 그것은 행복한 고통이었다. 스스로 성장해가는 나를 느끼게 하는 행복한 고통이었다.

그러던 어느 날 문득 이런 생각이 들었다. '글쓰기가 이럴 진대 만약 책을 쓴다면 더 성숙한 내가 되지 않을까?' 그렇게 해서 책 리뷰 글을 쓰기 시작했다. 또한 신문 칼럼을 필사하고 명작들의 축약본을 베끼기도 하고 유명한 에세이 글을 옮겨 써보기 시작했다. 이 모든 것은 더욱 글쓰기를 즐기게 되는 계기가 되었고, 동시에 더욱 독서에 매진하게 하는 활력소 역할을 했다.

그렇게 시간을 보내는 동안 내 속에서 또 다른 욕구가 흐른다는 사실에 전율했다. '책을 쓰고 싶다.' 하지만 이런 열망은 단순한 희망사항일 뿐, 현실성이 없었다. 내가 쓴 글은 막 태어난 망아지 새끼 같았다. 이리 뛰고 저리 뛸 줄만 알았지 전혀 체계적이지도 못했다. 무엇보다 글에 대한 전문적인 지식 없이 막 쓰다 보니 이게 글인지 낙서인지 모를 지경이었다. 이런 수준으로 책을 쓴다는 건 말이 되지 않는다고 생각했다. 그래서 계속 낙서 같은 글만 써왔다.

그런데 중년이 넘어서면서 이렇게 수많은 시간을 계속 허비할 수는 없다는 판단이 들었다. 더 이상 나의 꿈을 미루고만 살 수는 없다고 결심했다. 우선 알고 지내던 글쓰기 모임 사람 중에 혹시 책을 낸 사람이 있는지 알아보았다. 다행히 몇 사람이 책을 냈다고 했으나 대부분이 시집이었고 한 사람이 에세이집을 낸 정도였다. 별 도움이 되지 않아 고민이 더 깊어갔다.

그러다 라온북 조영석 소장을 만나게 되었다. 그의 지도와 가르침을 받아 꿈에 그리던 책을 쓰게 되었다. 조영석 소장뿐 아니라 라온북의 여러 관계자들이 욕심만 앞세우는 나를 잘 이끌어주었다.

⚓ 책 쓰기에 도전하다 ⚓

책을 쓰기 시작하는 심정은 난감하기 그지없었다. 내 이야기가 책의 콘셉트가 될 수 있을지, 남에게 전달할 만한 가치가 있는지부터 자신이 없었다. 그리고 전문가들이 이끌어준다고 하지만 내가 과연 초고나 쓸 수 있을지 불안감에 휩싸이기도 했다. 그랬다가 다시 가슴이 벅차고 고민스러웠다가 뿌듯한 생각이 들었다. 한마디로 마음의 갈피를 잡지 못하고 복잡하기만 했다.

하지만 '어쨌든 이미 루비콘 강을 건넜다. 한번 해보자'라고 다짐하고 전문가들의 지도에 따라 매일 조금씩 글쓰기를 시작했다. 조영석 소장과의 만남은 나에게 충분한 동기부여가 되었다. 첫 만남에서 그는 내가 가진 이야기가 책이 될 수 있는지부터 검토해서 가능성이 있으면 다시 만나자고 했다. 그의 말의 전적으로 옳았다. 될 이야기인지 아닌지를 먼저 검토해보자는 데서 신뢰가 생겼다.

두 번째 만났을 때 그는 내 이야기가 충분히 가능성이 있다면서 본

격적으로 책을 쓰기 전에 목적과 비전을 분명히 세워야 한다고 여러 차례 강조했다. "목적과 비전이 분명해야 책을 써야 하는 이유를 분명하게 말할 수 있으며, 그 분명한 이유는 독자가 내 책을 읽는 이유가 될 것"이라고 말했다.

세 번째 만나면서부터는 책을 쓰기 위해 어떻게 해야 하는지를 자세히 알려주기 시작했다. 내가 글을 써서 보내면 담당자인 박 부장이 내 글에 대해 칭찬을 아끼지 않았으며 전폭적으로 지지해주었다. 그러면서도 날카로운 지적을 잊지 않았다.

만남이 계속되면서 이야기를 찾는 방법, 전개하는 방법, 책의 자료 찾기와 아이디어 이용법 등 책을 쓸 때 실질적인 도움이 되는 여러 가지 사항들을 체계적으로 지도해주었다. 그리고 초고를 더욱 발전시켜나갔다.

조영석 소장은 책을 쓰는 저자들에게 이렇게 당부하곤 한다. "사람은 죽어도 책은 남는다고 합니다. 여러분의 지식은 책으로 전수되어 후세를 발전시키고 후손들의 삶을 윤택하게 하는 역할을 하게 될 것입니다. 저자로서 빛나는 여러분이 되길 기도합니다."

책을 써본 사람들은 알 것이다. 초보 저자가 내 책이 세상에 나올 그날을 기대하며 쓰기에 몰입하는 과정이 얼마나 행복한지를….

읽는다는 것은 저자와 대화하는 행위다. 글을 쓴다는 것은 자신을 성찰하는 행위다. 그리고 책을 쓴다는 것은 세상을 향해 나라는 존재의 나신을 보여주는 것일지도 모른다.

우리는 이제 모든 것을 스스로 해결해야 하는 시점에 와 있다. 자신을 성숙시킴과 동시에 나를 세상에 브랜딩하기에는 책만큼 좋은 것이 없다. 안 쓰든 못 쓰든 하지 않으면 퇴직 이후의 삶은 고단할 수밖에 없다.

퇴직 준비를 위한 메모의 기술

성공한 사람들의 공통점 중 하나는 그들이 메모광이라는 것이다. 밥을 먹다가도 생각이 떠오르면 냅킨에다 기록하는 사람들도 있다. 평범한 사람들이 보기에는 좀 '과하다' 싶을 수도 있다. 하지만 메모 습관이 개인의 잠재된 의식을 끌어내는 최고의 방법이라는 데는 이론의 여지가 없다. 누구나 메모의 중요성을 알고는 있지만, 단지 '실천'의 문제를 해결하지 못하고 있을 뿐이다.

어떤 이에게 메모는 일상적인 일이다. 누구와 만나 무엇을 하고 뭘 먹었는지 그때 기분은 어땠는지를 세세하게 기록하기도 하고, 손으로 꾹꾹 눌러쓴 기록을 보며 위로를 얻고 마음을 추스르기도 한다. 또 어떤 이는 수련의 방법으로 순간순간의 생각과 기록을 남김으로써 생각을 고르고 하루를 반성하기도 한다. 그런데 겉으로 매우 단순하고 쉬울 것 같은 메모가 왜 실천하는 데는 그토록 어려운 것일까?

⚓ 나의 메모 습관 ⚓

나의 다이어리는 그냥 일반 대학 노트다. 노트와 3색 볼펜을 세트처럼 휴대하고 다니는데, 남 보기에 누추해서 드러내놓기가 좀 거북스럽다. 덜렁거리는 내 성격 탓도 있지만, 하도 많이 들고 다니니 깨끗할 수가 없는 것도 사실이다.

그런데 지저분한 노트를 왜 그렇게 분신처럼 달고 다닐까? 큰 이유는 착오를 줄이기 위해서다. 내 딴에는 꼼꼼하게 메모를 하는데도 실수나 누락이 빈번하기 때문인데 노트를 들고 다니면 그나마 실수를 줄일 수 있으리라 생각한다. 또 다른 이유도 있다. 노트를 넘길 때마다 날려 쓴 글씨 속에서 풍기는(?) 향기가 좋아서다.

그래서 스마트폰 메모와 모바일 앱이 아무리 성행해도 메모만큼은 아날로그를 선호한다. 다만 디지털 메모도 보완적으로 활용한다. 스마트폰에 기록을 남겨 나중에 다시 메모하거나 데이터베이스를 만드는 데 도움을 받는다.

주관적인 판단이긴 하지만, 오랜 세월을 거치며 나의 메모 습관은 꽤 발전해왔다. 그동안 나의 경험을 바탕으로 독자들에게 도움이 되는 '메모의 기술'을 이야기하고자 한다.

⚓ 메모가 필요한 이유 ⚓

기록한다고 해서 그것이 모두 가치 있는 메모라고 생각하면 큰 오산이다. 적는다고 해서 바로 자신의 자산이 되는 것이 아니고 지식이 되는 것도 아니다. 현대의 웬만한 지식은 인터넷 안에 다 들어 있다. 남들이 다 아는 일반적인 지식과 숙성되지 않은 아이디어는 아무런 가치가 없다는 뜻이다. 메모가 정보가 되기 위해서는 반드시 기록을 지식화시키는 과정을 거쳐야 한다.

우리가 메모를 하는 이유는 '다시 읽어보기 위해서'다. 굳이 다른 설명을 할 필요가 없다. 메모는 기억을 보완하기 위한 것이며 '반복하여 보는 것'이 그 방법이다. 다시 읽지 않으면 메모할 필요 없다. 다시 읽지 않을 메모는 공연한 시간과 에너지 낭비일 뿐이다.

⚓ 메모를 하게 된 동기 ⚓

내가 메모를 적극적으로 하게 된 계기는 업무상 필요였다. 클라이언트에게 상품을 권하며 논리적인 설득을 하려는 목적이었다. 나는 기억력과 글쓰기 능력이 남들보다 현저히 떨어진다. 이런 내가 근사한 기획서를 만드는 것은 거의 불가능에 가까웠다. 클라이언트에게 내가 팔고자 하는 상품을 자세히 설명하고 이에 부합되는 여러 가지 상황과 예견되는 부가가치에 대해 설명하고 설득하는 자료를 작성해야 하는데, 회사에서 주는 기본적인 자료에만 매달려 나만의 필살기가 없는 평범한 기획서를 만들어 들고 다니니 고객에게 감동을 주는 것은 고사하고 오히려 물건을 주문하려 했던 고객마저 눈을 돌려버리게 하는 상황이 벌어지곤 했다.

'더 이상 이렇게 일하면 안 되겠다'는 고민에 빠져 있었을 때 한 사람이 눈에 들어왔다. 그는 회사 선배 P씨로 다소 멍해 보이지만 일처리 하나는 '똑소리'가 난다는 평가를 받고 있었다. 그 사람 머릿속에 들어가보지 않아서 자세히는 모르겠지만, 겉보기에는 그리 똑똑하게 느껴지지 않는다. 하지만 영업 실적에서 선두를 달렸고 회사 업무에도 거의 실수가 없었다.

나는 그와 친밀해지면서 중요한 비결을 알게 되었다. 그 선배의 뛰어난 업무 처리 역량은 탁월한 다이어리 활용 능력에서 나왔다. 그는 업무에 관한 주요 사항, 새로운 생각, 핵심 고객의 정보 등 필요하다고 판단되는 모든 정보를 먼저 다이어리에 기록했다. 그리고 반드시 '다시 읽기'를 하며 정리했고, 그것을 컴퓨터 파일로 체계적으로 보관했다.

나는 그의 충실한 멘티가 되었다. 그에게서 비법을 전수받아 그대로 활용했다. 그러면서 메모를 바탕으로 기획서의 수준을 높여갔다. 그뿐만이 아니었다. 기획서를 작성하기 위해 시작한 메모는 나중에 업무 처리나 영업에서 중요한 자료로 활용할 수 있었다. 그다음부터는 메모하는 습관을 문제 해결의 비밀 무기로 긴요하게 사용했다.

⚓ 무엇을 적을 것인가 ⚓

메모의 내용은 쓴 사람이 지닌 생각과 성격을 그대로 드러낸다. 메모를 읽어보면 그 사람의 진가를 알 수 있으니 메모는 '자신을 드러내는 글'인 셈이다. 근래의 내 모습을 알고 싶다면 그동안 내가 해온 메모를 들여다보면 된다. 그러면 자신을 객관화하여 볼 수 있다.

무엇이든 생각나는 것을 한 줄이든 두 줄이든 적는 습관부터 만들기를 권유한다. 메모를 많이 하다 보면 자신만의 방식으로 메모하게 되고, 또 나만의 정리 방법을 만들어서 메모를 정보화·지식화하게 되어 있다. 그러니 처음에는 많은 내용을 적는 게 좋다. 마음에 남겨진 심상, 기억하고 싶은 일상, 세상사, 문득 떠오른 아이디어, 놀랄 만한 일, 가족과 직장의 특이점 등 되도록 많은 것을 적는 게 좋다. 적을 것이 없으면 하다못해 신문 기사 제목이라도 옮겨 써보라. 이렇게 항상 메모하는 습관을 만드는 것이 매우 중요하다.

⚓ 어떻게 적을 것인가 ⚓

첫째, 수첩을 준비하라. 시중에 다양한 디자인의 수첩이 나와 있다. 각 디자인마다 나름대로 이유가 있기에 각기 장단점도 존재한다. 나의 경우는 스프링 제본된 대학 노트가 가장 편하다. 들고 다니기에 약간 크다는 생각도 들지만, 그동안 많은 다이어리를 사용해본 결과 나에게는 제일 적격이라고 생각한다.

예전에는 시대에 맞게 기록도 스마트하게 한다는 생각으로 다이어리를 대신해서 휴대폰과 노트북을 이용한 메모 기록과 정리를 해봤고 스마트폰 다이어리 앱을 활용하기도 했다. 하지만 나는 아날로그 메모가 좋고 편하다. 기록은 자판이 아니라 꾹꾹 눌러쓴 펜글씨가 기억하기에도 좋고 무엇보다 마음이 편했다. 하지만 이것은 내 경우일 뿐이다. 수첩은 항상 가지고 다닐 수 있는 것으로 하되 어떤 종류든지 자신에게 잘 맞으면 그것이 가장 좋다.

둘째, 핵심 단어로 요점만 적어라. 어떤 사람은 메모가 아니라 글을 쓰기도 한다. 메모는 아무 생각 없이 적는 게 아니라 핵심 단어로 요점을 정리해 쓰는 것이다. 요점이 보이지 않는 메모는 정보화·지식화하기가 어렵다. 그 자리에서 떠오른 내용을 곧바로 수첩에 쓰되 반드시 핵심 단어로 요점을 정리해서 기록해야 한다. 그래야 나중에 다시 읽을 때 단번에 전체를 그려낼 수가 있다.

셋째, 메모 양식을 정해둔다. 메모는 요점을 기록하는 것이지만, 어떤 식으로 메모할 것인지 기본 양식은 정해두는 것이 좋다. 예를 들면 5W2H라는 메모의 기본을 알면 깔끔하게 메모할 수 있다. '언제, 어디서, 누구와, 왜, 무엇을, 어떻게, 얼마로'를 메모 기본으로 정해둔다면 메모할 내용을 빠뜨리는 실수를 줄일 수 있다. 또 색상 이용법, 그림 이용법, 도형 이용법 등도 자신의 능력과 취향에 맞게 선택해서 사용하면 좋다.

넷째, 정리를 염두에 두어야 한다. 요점을 기록한 메모, 양식에서 크게 벗어나지 않는 메모는 정리해서 데이터베이스를 구축하는 데 큰 도움이 된다. 기록은 펜을 이용한 아날로그 방식을 유지하되, 정리와 보관은 컴퓨터를 이용하는 것이 좋다. 예컨대 파일이나 클라우딩 노트 또는 컴퓨터 운용 시스템을 이용한 앱 등 고도로 발전된 디지털 기술을 다양하게 활용할 수 있다. 컴퓨터를 사용하면 방대한 양의 정보를 체계적으로 보관하고 나중에 쉽게 찾을 수 있어 편리하다.

다섯째, 메모는 끈기가 동반할 때 빛을 발한다. 이렇게 말하면서도 미안한 마음이다. 솔직히 나 자신이 끈기 있게 지속하는 데 약하기 때문이다. 그렇지만 꾸준히 해야 효과가 있음은 명백한 사실이다. 메모는 언제 어디서든 자연스럽게 기록하는 습관이 되지 않는다면 그리 큰 결과물이 나오지 않는다. 그래서 나처럼 끈기가 부족한 사람들은 지속할 수 있는 주변 환경을 만들어주어 점진적으로 성장할 수 있도록 해주어야 한다. 그 방법 몇 가지를 알아보자.

- 도중에 기록을 빼먹어도 자신을 책망하지 않기
- 언제나 '다시 시작'이라는 마음 가지기
- 자신에게 '잘했어'라고 칭찬해주기
- '사랑하는 가족' 생각하기

⚓ 디지털 메모 ⚓

디지털 메모의 장점은 '즉각적'이라는 것이다. 특히 스마트폰을 이용한 메모는 시간과 질적·양적 측면에서 아날로그 메모의 단점을 보완한다. 그래서 스마트폰의 다양한 기능을 적절하게 이용한다면 양적·질적으로 높은 메모 능력을 가질 수 있을 것이다. 특히 사진 기능과 녹음 기능의 적극적인 사용을 권한다. 그런데 스마트폰을 이용한 메모가 편리하고 효율적이지만, 기억을 하는 데는 아날로그가 아무래도 더 효과적이라는 판단이다.

세상 모든 일이 그렇지만, 메모도 결국 자기와의 싸움이다. 그렇다고 해서 요점 없이 많이 적고 자주 적는 것으로 만족하면 안 된다. 그것으로 자만하며 허세를 부리는 것은 가장 어리석은 행동이다. 메모란 '적어서 기억한다'는 간단한 원리를 가지고 있지만 실행이 쉽지 않다. 꾸준히, 그러나 산만하지 않게 실천하되 '포기'하지 않아야 한다.

나에겐 '영원한 내 편'인 나 자신이 있다. 최근 들어 '영원한 내 편'을 자주 만난다. 그리고 서로 대화하면서 길을 찾는다. 그만큼 힘들다는 뜻이다. 그러나 나는 결코 포기하지 않는다. 포기하는 것 자체를 포기한 사람이기 때문이다. 오늘 이 한마디를 수첩에 메모하며 하루를 정리한다. 어쩌면 오늘의 이 메모가 내가 힘들어 한 박자 쉬어 가고 싶을 때, 나에게 큰 영감을 줄지도 모른다고 생각하며….

6장

5년 후 퇴직을 위한 마인드 관리

뇌가 말랑말랑한 사람이 살아남는다

나이를 먹으면서 점점 머리 쓰는 것이 싫어지는 느낌이다. 뇌과학자가 아니니 세세하게 뇌에 대해 이야기할 수는 없지만, 우선 기억력이 예전만 못하다. 금방 마무리한 서류도 제자리에 정리해두지 않으면 찾기 어렵다. 어떤 때는 업무 서류를 작성하는 시간보다 그 서류를 찾는 데 시간이 더 걸린다. 잘 챙겨두기 위해 특별한 곳에 물건을 정리했다가 기억이 나지 않으면 오히려 물건을 감추어버린 결과가 되기도 한다. 일주일 전에 뭘 했는지 기억이 잘 나지 않으며, 심지어는 어제 일이 가물가물할 때도 있다. 이쯤 되면 치매가 코앞에 와 있다는 생각이 들고, 벽에 머리를 박고 심은 심정이다.

늘 머릿속에 있던 지식이나 언어가 결정적인 순간이 되면 입안에서 뱅뱅 돌기만 하고 입 밖으로 나오지 않을 때도 있다. 차라리 이런 증상이 자주 발생한다면 병원에 가서 치료를 받을 것인데, 결정적인 순간에만 그러니 답답한 노릇이다.

또 언제인가부터는 복잡한 문제에 부딪치는 게 싫어졌다. 사칙연산도 조금만 복잡하면 바로 스마트폰을 꺼내거나 계산기로 계산한다. 퍼즐이나 스도쿠 같은 게임은 보는 것만으로도 머리가 복잡해진다.

사실 세상살이의 원칙은 단순하고 변하지 않는다. 살이 찌지 않으려면 먹은 것보다 더 많이 소비하면 된다. 욕심을 버리면 싸움도 전쟁도 일어나지 않는다. 사람의 머리도 이와 마찬가지다. 인간의 정신은 이성과 감성의 두 요소로 이루어졌다. 인간이 만물의 영장인 만큼 '이성'의 작용이 더 클 것 같지만 실상은 '감성'에 매우 취약하다. 그래서 쉽게 화를 내고 사소한 일을 기화로 엄청난 분노를 표출하기도 한다. 내가 원하는 삶을 살지 못한다는 불만이 자존감 결핍과 상대적 박탈감으로 이어지고 갈등과 스트레스가 점점 늘어간다. 하지만 내가 얼마나 유연한 사고를 가지느냐에 따라 중년을 노년같이 살 수도 있고 청년같이 살 수도 있다. 유연한 사고는 달리 말해 창조적인 사고다. 이것을 위해서는 공부를 해야 한다.

⚓ 인간 두뇌의 신비 ⚓

공부를 많이 한다고 뇌가 커지는 것은 아니다. 그러나 뇌세포가 증식한다. 다른 유형의 세포를 불러낸 뒤 적합한 뇌세포는 사용하고 적합하지 않은 뇌세포는 제거하거나 다른 역할을 하는 뇌세포로 바꾼다. 뇌는 공부할수록 젊어지는 구조다.

수많은 과학자들이 뇌를 연구하고 있지만 아직도 풀지 못하는 '뇌의 신비'가 적지 않다. 2017년 독일과 스웨덴 신경과학자들은 뉴런이나 신경교세포 같은 뇌세포의 수는 처음 우리가 학습하는 동안에는 늘어나지만, 이 중 많은 수가 나중에 제거되거나 다른 역할을 맡게 된다는 사실을 밝혀냈다. 〈셀Cell〉의 자매지인 〈인지과학 동향〉 논문의 제1저자인 베를린 막스 플랑크 인간 발달 연구실 엘리자베스 벵거 박사는 "두뇌 물질의 양은 학습 초기 단계에서 증가하지만 이후 부분적으로, 혹은 완전하게 다시 정상화된다"며 "이것은 뇌가 먼저 가능성을 살펴보고 다른 구조와 세포 유형을 불러낸 뒤 가장 적합한 것을 고른 다음 더 이상 필요 없는 것들을 제거하는 가장 효과적인 방법으로 보인다"고 설명했다.

벵거 박사는 영화에 나오는 배우를 뇌세포로, 두뇌는 배우, 즉 뇌세포들을 심사하는 감독에 비유했다. 두뇌는 새로운 뇌세포를 만들어냄으로써 후보자들을 불러내며, 학습 초기에 나타나는 이 현상으로 인해 뇌는 육안으로 볼 때도 부피가 커진다.

그런 다음 두뇌는 어떤 뇌세포들이 정보를 저장하거나, 혹은 전달할 수 있는지 확인하기 위해 기능성을 시험해본다. 가장 효율적으로 기능하는 뇌세포들을 선발한 뒤에는 다른 후보 뇌세포들을 제외시켜 이들에게 다른 역할을 부여한다.

연구팀은 그 증거로 오른손잡이에게 왼손으로 글씨를 쓰고 그림을 그리도록 한 시험 결과를 제시했다. 이들 실험 참가자들에게 왼손으로 글씨를 쓰고 그림을 그리도록 하고 한 달 뒤 뇌를 측정하자 부피가 증가한 것으로 나타났다. 그러나 3주 뒤에는 부피가 거의 정상으로 돌아왔다. 연구팀은 원숭이에게 갈퀴로 음식을 찾게 하거나, 쥐에게 소리 구별하는 법을 배우도록 한 후의 실험에서도 비슷한 결과를 관찰했다.

⚓ 젊음과 늙음은 생각하기에 달렸다 ⚓

우리 사회에서는 60세 전후를 은퇴 적령기라고 규정한다. 민간기업에서는 구조조정 등의 여파로 그보다 일찍 퇴직하는 사람이 부지기수다. 정년이 안정된 공직에 있는 사람 중에서도 50대 중반이 넘으면 자신을 사회 퇴물이라고 치부하는 이들이 있다. 과거에는 노인으로 분류되는 이 나이에는 사실 삶에 대한 강한 의지를 느낀다. 과거에 비해 중장년들의 신체 나이와 체력은 비교할 수 없을 만큼 좋아졌다.

그런데도 사회 환경과 스스로가 사회 퇴물 취급을 하는 것이다. 이것은 자신의 노력 여하에 따라 넘어설 수 있다. 벵거 박사가 주장한 것처럼 뇌세포는 사용할수록 끊임없이 재생산되고 재활용된다. 운동능력, 수리 능력, 논리력, 기억력 등은 젊은 시절에 비해 떨어져도 전반적 뇌 지능은 오히려 향상된다. 결론은 분명하다. 중년이라는 나이가 퇴물의 기준은 아니다.

하지만 수많은 중년이 이른바 '꼰대' 근성에 사로잡혀 있다. 누군가가 "운동하세요!"라고 조언하면 '이 나이에 무슨…', '먹고살기 바쁜데, 운동할 시간이 어디 있어', '주제넘게 굴지 말고 너나 잘해라…' 등의 반발심이 생긴다. 이렇게 꽉 막혀 있으면 뇌세포가 죽는다. 현미, 콩, 두부, 생선 등 뇌에 좋다는 음식을 아무리 많이 먹어도 소용이 없다. 특히 전두엽은 적절한 관리를 하지 않으면 빠른 속도로 위축된다. 전두엽이 줄어들면 삶의 의욕이 감소하면서 즐거움이 사라지고 감정마저 무뎌지기 시작한다. 결국 메마른 노인으로 퇴화한다.

"과거의 방식이 더는 통하지 않는다"는 말이 모든 분야에서 설득력을 얻고 있다. 옳은 이야기다. 하지만 이것은 사회가 급격하게 변화하면서 생기는 괴리를 못 메우기 때문에 생겨난 현상이지, 결코 인간 삶의 기본 원칙이 작동하지 않음을 뜻하지는 않는다.

앞으로는 창업과 창직이 주류가 되는 직업 세계가 이루어질 것이다. 이것은 고상한 표현이고 냉혹하게 말하자면 무자비한 정글의 세계가 펼쳐진다는 뜻이다. 중년과 노인이 나이를 이유로 배려나 존경을 받을 것이라 착각하면 위험하다. 약육강식의 밀림에서 바로 잡아먹힐 것이다.

⚓ 뇌는 공부할수록 말랑말랑해진다 ⚓

새로운 길을 걸어가야 한다면 그에 걸맞은 새로운 뇌를 만들어야 한다. 즉 뇌를 말랑말랑하게 만들어야 한다. 가능하면 좀 더 야들야들하고 부드럽게 해서 어떤 생각이든 받아들일 수 있도록 만들자. 내가 원하는 방향으로 얼마든지 휠 수 있는 뇌를 만들자. 그러기 위한 몇 가지 조언을 소개하겠다.

첫째, 강인한 체력을 기르자. 체력이 경쟁력으로, 자유로움이 창의력으로 이어진다. 성패는 결국 체력에서 갈린다. 수많은 과제를 해내기 위해서는 체력이 뒷받침되어야 한다. 그렇지 않다면 아무리 똑똑해도 뇌가 제 역할을 다하지 못한다. 2막, 3막의 장기전에서 살아남을 수 없다.

둘째, 두려워하지 말고 자꾸 새로운 행동을 하자. 직장인은 한 곳을 기점으로 삼아 움직이기에 본능적으로 익숙한 것에만 집착한다. 그래서 현재의 처한 곳이 가장 편하고 안락하다고 느낀다. 또한 그곳을 떠나면 곧바로 죽음이라고 생각한다. 인기 드라마 〈미생〉에는 유명한 대사 한마디가 나온다. "직장이 전쟁터라면 사회는 지옥이다."

그러나 이것저것 시도해본 사람은 안다. 어느 곳이 자기에게 진정한 기쁨을 주는지, 어떤 것이 나에게 좋은 것인지, 그리고 무엇이 자신에게 맞는지를. 그러므로 새로운 공부, 새로운 사람, 새로운 습관, 새로운 이론, 새로운 장소를 찾아 부단하게 움직이자.

셋째, 사랑에 빠지자. 남녀 간의 사랑이든, 물건에 대한 사랑이든 사랑하는 마음이 충만한 삶을 살자. '꼰대'의 가장 큰 리스크가 욕심을 다스리지 못한다는 것이다. 남을 이해하고 돕는 마음, 아끼고 소중하게 생각하고 배려하며 평온히 즐기는 마음이 부족하다. 사랑은 그 대상을 소유하려 하지 않는다. 그러니 욕심 부리지 말자. "막상 소유하면 골치만 아프다"는 옛 성현들의 말씀을 마음 깊이 새기자. 골치가 아프면 뇌세포만 늙어갈 뿐이다.

넷째, 퇴준생의 공부가 진짜 공부임을 깨닫자. 기업이 원하던 인재가 아닌 사회가 원하는 창조적인 인재가 되기 위한 공부가 진짜 공부다. 얄팍한 이력서를 채우기 위한 '스펙' 공부가 아니라 현장에서 직접 써먹을 수 있는 공부를 해야 한다. 절박한 마음만큼 절실한 공부를 하면 효과가 크고 인간적 성장을 이룰 수 있다. 투자 대비 고수익이다. 덤도 있다. 해마세포가 늘어나 기억력이 좋아진다. 나이가 무색한 삶을 살 수 있다.

다섯째, 잡동사니를 정리하자. 주변 잡동사니를 정리하는 일은 마음의 잡동사니를 정리하는 것과 같다. 비우면 가벼워지고 마음도 자유로워진다. 추억 때문에, 혹은 들였던 돈 때문에 헌 옷이나 헌 가구 따위의 너절한 잡동사니를 버리지 못하면 평생 짐처럼 지고 살아야 한다. 정신도 마찬가지다. 지금껏 유지해온 관념과 성공했던 과거 기억 때문에 낡은 생각을 버리지 못하면 새로운 사고를 받아들이는 데 문제가 생긴다. 도저히 버릴 수 없다면 부패하도록 만들어라.

여섯째, 질 높은 수면을 취하자. 수면이 우리 뇌 활동에 결정적 영향을 미친다는 여러 연구 결과가 발표되었다. 잘 자는 것이 새 기억과 기존 기억의 통합과 정리에 융통성을 준다고 한다. 질 높은 수면을 취하는 것이 가장 기본적인 건강 관리법이라는 사실을 명심하자.

우리는 중년의 리스크에 대해 이미 들어서 알고 있다. 기억력과 인지 능력이 떨어지고 뼛속까지 고정관념이 박혀 있고 느릿느릿 굼벵이처럼 행동하고 얼굴은 두껍지만 눈치는 백단이고…. 하지만 모든 중년이 그렇게 변하지 않으며, 그렇게 변해야 하는 것도 아니다. 아니, 그렇게 변하지 않아야 한다. 이제 이런 익숙한 것들에 이별을 고하자.

자신에 대해 20대보다 치열하게 고민하라

보통 20대 무렵에 '진로'에 대한 고민을 많이 한다. 진로 문제에 부닥쳐 이것을 피할 수 없는 시기가 20대다. 이때 내가 잘하는 것은 무엇인지, 하고 싶은 일은 무엇인지, 좋아하는 것은 무엇인지, 내가 가고 싶은 길은 어디인지를 이불 뒤집어쓰고 밤새워 진지하게 고민한다. 그런데 대부분은 뾰족한 묘수를 찾지 못한다. 결국 그럴싸한 꿈도 없는 나를 발견하고는 한숨을 짓는 게 보통의 20대다.

하지만 그때는 그래도 괜찮다. 아직 내가 무엇을 좋아하는지 모른다 해도, 내가 잘할 수 있는 것이 무언지 모른다 해도, 내가 하고 싶은 일을 찾지 못했다 해도 절망할 필요가 없다. 20대에게는 도전할 시간이 아직 많이 남아 있으니까.

오히려 "내 꿈은 무엇이다"라고 흔들림 없이 선언하는 청년에게서 젊은이다운 상큼함이 덜 느껴진다. 20대에는 많은 경험을 해보고 여행도 많이 하고 책도 많이 읽으면서 생각의 가치를 높이는 것이 중요하다. 이런 이유 때문에 젊은이의 도전과 열정과 패기를 높이 사는 것이다.

그러나 중년의 삶은 다르다. 나에 대해, 그리고 일에 대해 이미 많은 시간을 경험하고 실험해보았기에 자신이 어떤 사람인지를 알고 있다. 더는 방황하고 모색할 시간이 주어지지 않는다. 그래서 중년의 실패는 온전히 자신이 전부를 책임져야 할 중압감으로 다가온다. 실패의 고통은 현실적인 아픔이다. 그 고통스러운 시간에는 보호막 하나 없다. 그 누구도 중년의 실패를 아름답게 포장해주지 않는다.

모든 사람이 성공과 행복을 꿈꾼다. 20대 사회 초년병 시절에는 높은 꿈과 뜨거운 열정을 안고 힘차게 도전에 나선다. 하지만 세월이 흘러 중년이 되면 달라진다. 자신의 꿈보다는 "어떻게 하면 성공할 수 있을까?"라는 현실적인 질문에 대한 정답을 찾으려 한다. 그리고 경제적 안정을 이루려 애쓴다. 그러다가 '에라, 모르겠다. 공연히 딴 짓 하다 험한 꼴 당하느니 그냥 이대로 있자. 될 대로 돼라. 어떻게든 되겠지'라며 자포자기 상태로 빠지기도 한다.

이래서는 안 된다. 인생 2막, 3막이 기다리고 있는 40~50대는 자신의 미래에 대해 진지하고 치열하게 고민하고 자신에 대한 질문인 '나를 어떻게 팔 것인가?'에 대한 답을 쉼 없이 찾아야 한다. 그냥 막연하게 현재의 위치만 잘 고수하면 어떻게든 무엇이든 될 것 같지만 현실은 그리 만만하지 않다. 계획이나 준비 없이 살다가는 미래에 아무것도 되지 못하는 게 인생이다.

⚓ 중년의 도전은 위대하다 ⚓

손정의 소프트뱅크 회장은 1957년생이다. 그가 태어난 동네는 일본 사가현의 한국인 집단 거주지다. 그는 번지조차 없는 빈민가의 판잣집에서 태어났다. 그런 환경 속에서도 손 회장의 아버지는 '늘 정의롭게 살아가라'는 희망을 담아 이름을 '정의'라고 지어주었다고 한다.

그는 일본에서 자수성가한 재일 한국인 중 가장 유명한 사람이다. 손 회장을 높게 평가하는 사람들은 그를 기업 혁명가, 월드와이드웹의 마스터, 전자상거래의 거인, 사이버스페이스 권력자, 세계 최대 디지털 자본가 등으로 부른다. 반면 그를 폄하하는 사람들은 손 회장을 호언장담만 일삼는 사람, 허업가虛業家, 독선가, 독설가, 기업 인수꾼, 허풍쟁이 등으로 부른다. 심지어는 영감 전문 살인마(나이 많은 사람들을 무자비하게 해고한다는 뜻)라고 하는 사람도 있다. 그만큼 그에 대한 평가가 엇갈린다.

손 회장에게는 숱한 일화가 있다. 그중에서 애플의 스티브 잡스와의 휴대폰 일본 판매 독점권 체결에 얽힌 이야기는 유명하다. 손 회장이 40대 후반일 때의 일이다. 그 무렵 소프트뱅크는 일본 3위 이동통신업체인 보다폰 제팬을 인수한다고 발표했다. 이것은 주식시장에서 악재로 작용했다. IT 거품 붕괴, 야후 브랜드 4년 연속 적자 등으로 고전했던 소프트뱅크의 투자 등급은 '투기' 단계로 내려갔고 주가는 사흘 동안 30%나 급락했다.

손정의는 고심했다. 대학 3학년 때 세운 '인생 50년 계획'을 되새기면서 치열하게 고민했다. 그리고 그는 '인생 50년 계획'대로 '40대에 인생 최고의 도박을 한다'를 실행하기로 결심했다. 손정의는 애플의 스티브 잡스를 찾아가 "MP3를 들으며 인터넷을 사용할 수 있는 휴대폰을 만들라"고 제안했다. 그러면서 "휴대폰이 개발되면 일본 내 독점 판매권을 달라"고 요청했다. 스티브 잡스는 "외부에서 그런 말을 한 사람은 당신이 처음"이라며 독점 판매권을 주기로 약속했다. 2007년 6월 아이폰이 발매되었고, 폐쇄적인 성향을 보이는 일본인들도 아이폰에 열광했다. 일본 내 독점 판매권을 지닌 소프트뱅크 역시 아이폰의 여세를 몰아 가입자 수를 비약적으로 늘려나갔다. 소프트뱅크 모바일은 여세를 몰아 2012년에 일본 4위 이동통신업체인 이액세스를 인수하면서 가입자 수 기준으로 업계 2위에 오를 정도로 성장했다. 소프트뱅크의 주가는 다시 치솟았다.

당시 소프트뱅크는 어려움에 처했지만 손정의 회장 개인은 이미 많은 돈을 벌었기에 편하게 살 수도 있었다. 하지만 손정의는 중년의 나이를 개의치 않고 휴대폰과 MP3를 발판 삼아 다시 한 번 도전에 나섰다. 그는 그것을 듣고 보면서 자신의 꿈을 깨달았고 그 꿈을 실현하기 위해 애플의 스티브 잡스와 한판 승부를 걸었고 마침내 성공에 이르렀다.

알리바바 설립자 마윈 회장은 1994년 뉴욕 증시에 알리바바를 상장하면서 이렇게 말했다.

"과거 유명한 저장 상인 후슈에옌胡雪巖은 내게 두 가지 의미로 다가왔다. 우선 '일은 갈수록 어려워진다. 일이 어려울수록 기회가 많아진다'는 그의 말을 좋아한다. 나이가 적으면 일을 많이 안 했으니 경험이 없고, 일을 많이 할수록 경험이 많으니 어려움 속에서도 기회를 찾을 수 있다. 핵심은 미래를 볼 수 있는 비전이다. 시선이 1개 성省에 머물면 1개 성에 해당하는 비즈니스만 하게 되고, 시선을 세계로 확장하면 세계적인 비즈니스를 할 수 있게 된다. 비전이 오늘에 머물면 오늘 할 일만 하게 되고, 10년 이후를 내다보면 10년 이후 비즈니스를 지금 하게 된다."

그는 또 이렇게도 말했다. "선배가 수년 전 들려준 얘기가 있다. 세 가지를 늘 치열하게 고민하라고 했다. '너는 도대체 무엇을 갖고 있는가?', '무엇을 원하는가?', '무엇을 버릴 것인가?'가 그것이다. 나이에 상관없이 누구라도 일생 동안 가져야 할 고민이다." "무수한 실패가 없었다면 오늘의 알리바바에 이르지 못했을 것이다."

모든 큰 나무 밑에는 거대한 영양분이 있다. 사람도 그렇다. 그런데 사람은 잘못과 실패에서 영양분을 만든다. 현실은 그렇게 호락호락하지 않다고 항변하는 사람도 있을 것이다. 맞다. MBA와 실제 사업 간에는 차이가 있다. 중년까지 살면서 몇 번의 역경과 좌절을 경험하고 나니 포기하고 싶은 마음이 굴뚝같을 수도 있다. 꼭 그런 것은 아니더라도 환경이 우리를 위축되게 만든다. 나이는 먹었는데 모아놓은 돈도 없고, 외모는 점점 칙칙해지고, 사업한다는 이들을 만나보면 하나같이 상태가 좋지 않다. 회사에서는 엄청난 스펙을 가진 후배들 때문에 스트레스가 쌓인다. 열심히 일하지만 구조조정 영순위로 등극한 지 오래다.

이런 현실 속에 치어 사는 우리가 치열하게 미래를 고민한다는 것이 쉽지는 않다. 그러나 오르고 싶은 산을 결정하면 내 꿈의 반은 결정된 것이다. 산을 오르는 것과 인생을 사는 것은 기본적으로 똑같다. 시작할 때부터 의심을 품으면 등산이 더 어려워진다. 자신을 믿고 어렵지만 새로운 길을 가보자.

퇴근하고 우울한 기분을 달래느라 소주 한잔하고 집으로 돌아오는 골목길에서 저승사자를 만났다고 생각해보자. 저승사자에게 "살려달라!"고 빌어보아야 아무 소용도 없다는 것은 이미 잘 알고 있다. 저승사자는 감정도 없는 무자비한 존재가 아닌가?

하지만 우리도 만만하지 않다. 저세상으로 떠나지 못하는 이유를 설명할 수 있어야 한다. 가고 싶은 마음이야 굴뚝같지만 내가 세상에서 할 일이 남아 있음을 차분하게 설득하면 된다. 그것이 무엇인가?

내가 이 세상에 더 살아야 할 이유는 무엇인가?

내가 이 세상에 더 있어야 할 이유는 무엇인가?

내가 이 세상에 꼭 필요한 이유는 무엇인가?

후회 없는 삶을 살기 위하여

사업 관계로 알고 지내던 일본인 친구가 한 사람 있다. 하루는 그가 얼굴이 백지장이 되어 나를 찾아왔다. 그의 사연을 들어보니, 평소 잘 지내던 사람이 갑자기 소리를 지르면서 화를 내고는 문을 쾅 닫고 가버렸다는 것이다. 할 말이 없어서 멍하니 넋을 놓고 있다가 나에게 왔다고 했다. 그리고 그는 한국 사람의 욱하는 기질이 놀랍다고 말했다.

"일본 사람들은 웬만해선 화를 잘 내지 않습니다. 하지만 정말 싸울 때는 다시는 안 볼 각오로 싸웁니다. 실제로 일본 사람들은 한 번 싸운 사람과 다시 친하게 지내는 경우가 매우 드뭅니다. 그런데 한국 사람들은 금방 서로 죽일 듯이 싸우고는 얼마 안 가 서로 어깨동무하고 웃으면서 술 마시고 다시 친해집니다. 도무지 이해가 되지 않아요."

일본인 친구의 상황을 충분히 이해할 수 있었다. 다시 안 볼 사이도 아니고 다음에 얼굴 보기가 민망할 텐데 어떻게 수습하려고 그 한국인이 그랬는지 난감한 느낌일 것이다.

자신이 뒤끝 없는 사람이라고 떠벌리고 다니는 이들이 많다. 그들이 실제로 그런지는 알 수 없다. 그들 중 다수는 상대방 입장이나 기분은 생각하지도 않고 자기 하고 싶은 말을 다 해버린다. 그러고는 뒷수습도 하지 않는다. 그 대신 뒤로 돌아서서는 자신이 마치 화통한 성격의 소유자인 양 "난 뒤끝은 없는 사람이야"라고 말해버린다. 억지로 끼워 맞추자면 이런 스타일도 뒤끝이 없기는 하다.

⚓ 뒤끝 없는 성격에 대한 착각 ⚓

따질 것 다 따지고 화낼 것 다 화내놓고 고래고래 소리 지르다가 금방 풀어지는 뒤끝 없는 성격. 본인은 좋을지 모르지만, 상대방은 스트레스다. 상대방은 아직 화가 나 있는데 웃으면서 "소심하게 뭘 그런 걸 가지고…" 하는 식으로 말하는 것은 상대방 입장을 완전히 무시한 무례한 행동이다. 자신의 무례한 행동을 뒤끝 없는 성격으로 착각하고 포장하는 것이다.

웃지 못할 것은 고함과 욕설을 마구 내뱉고 돌아서면 깨끗이 잊어버리는 이른바 뒤끝 없는 성격의 소유자들은 그런 성격이 화통하고 좋은 성격이라고 생각하는 경향이 있다는 사실이다. 참 이상한 일이다. 상대방은 무시한 채 자기 혼자 실컷 화내고 난리 치다가 혼자 깨끗이 감정을 정리해버리는 이기적인 태도를 좋은 성격이라고 보는 것은 어처구니없다. 이와 관련하여 최일도 목사의 수필 중 한 부분을 소개하겠다.

"젊은 시절, 내 별명 가운데 하나는 '화염방사기'였다. 성격이 너무 급하고 다혈질이라 한번 욱하면 순식간에 주위를 태워버리는 불길처럼 뜨겁다는 뜻이었다. 그나마 그런 성격을 갖고도 인간관계를 유지할 수 있었던 것은 '뒤끝이 없기 때문'이라고 생각했었다. 내가 생각해도 한번 화낸 일을 소심하게 따지고 들거나, 골백번씩 되씹으면서 은근히 괴롭히는 성격은 아니었다. 아니, 그런 좀스러운 성격을 타고나지 않은 걸 오히려 다행으로 알았다. 화끈하게 화낼 때 화내고 깨끗이 잊는 편이 멋지지 않은가! (중략)
순간, 아내가 갑자기 소리를 버럭 질렀다. '그 성격에 뒤끝까지 있으면 그게 인간이에요? 그 뒤끝 없다는 성격 때문에 얼마나 많은 사람들이 상처를 받았을지, 한번이라도 생각해본 적 있어요?' 나는 그만 할 말을 잃고 말았다. 망치로 한 대 단단히 얻어맞은 것처럼, 얼얼한 충격이 느껴졌다. 그때까지 나는 욕설이든 고함이든 직설적으로 내뱉고, 돌아서면 기억에서 깨끗이 지워버리는 내 성격이 참 좋은 줄로만 알았다. 그런데 아니었다. 알고 보면 '뒤끝'이 없다는 건, 오로지 나 자신만 깨끗해지는 느낌을 가진다는 뜻이었다. 실컷 화낸 사람도 나였고, 씻은 듯이 감정 정리를 끝내는 사람도 그저 나 혼자였다. 상대방은 내가 내뿜는 화염에 데여 화상을 입다 못해 짓무를 지경인데, 시간이 갈수록 상처가 쓰려오는데, 나 혼자 손바닥을 탁탁 털며 이렇게 주장하는 꼴이었다. '난 벌써 깨끗이 잊었

어요. 그러니 내가 일으킨 화재도 없었던 걸로 합시다.' 그날도 나는 채 한 시간도 안 되어 혼자 상황을 종료시켰지만, 아내는 온종일 방바닥에 엎드린 채 아파했다. 모두가 상대의 감정을 고려하지 않고 나 자신의 감정에만 충실한 결과였다. 그날 나는 처음으로 뒤끝 없이 화끈한 내 성격도 폭력이 될 수 있다는 사실을 깨달았다."

최일도 목사는 장로교 목사이자 시인, 사회운동가다. 그의 책 『밥 짓는 시인, 퍼주는 사랑』은 나눔의 고전으로 꼽히며 베스트셀러가 되었다. 그는 참사랑의 나눔은 여기부터, 작은 것부터, 할 수 있는 것부터라는 철학을 설파한 신앙인이다. 그런 사람이 젊었을 때는 불같이 화를 내고 자기 편하게 풀어지는 '뒤끝 없는 사람'이었다는 사실이 조금은 놀라웠다.

좀 오래된 책이지만 마티 올슨 레이니가 쓴 『내성적인 사람이 성공한다』의 메시지도 되새겨볼 만하다. "외향적인 성격은 '넓이'의 인생을 만들고 내성적인 성격은 '깊이'의 인생을 만든다고 한다. 외향적인 사람이 다수인 사회에서 에너지가 넘치는 사람은 다양한 경험을 하며 넓게 살아가는 반면, 조용한 사람들은 자신감이 상실되어 작은 경험을 되새김질하며 깊이 살아간다는 것이다. 이것이 내향적인 사람들의 문제이자 장점이다."

나는 외향적인 사람과 내향적인 사람을 구분하거나, '뒤끝 없는'과 '뒤끝 있는'으로 성격을 나누는 것은 거의 무의미하다고 생각한다. 내성적인 사람이든 외향적인 사람이든 모두 소중한 하나의 인격체다.

내면적인 사람이라고 해서 조용하거나 수줍음을 잘 타야 하는 건 아니다. 다만 밖으로 나타나는 표현이 다를 뿐이다.

사람은 누구나 내성적 경향과 외향적 경향을 모두 지니고 있다고 한다. 다만 내 본성이 어느 쪽에 더 치우쳐 있느냐의 차이일 뿐이다. 새로운 일이나 취업을 선택하고 새로운 유대관계를 맺음에 있어 외향적인 사람은 주변의 내성적인 사람들을 좀 더 배려하고 동감할 수 있어야 한다. 그리고 내성적인 사람은 외향적인 사람들의 근본적인 습성을 이해하고 용서하는 '진정으로 뒤끝 없는 사람'이 되어야 한다.

⚓ 진정으로 뒤끝 없는 사람이 되기 위해 ⚓

흔히 '뒤끝 없는 사람'은 욱하는 성격에 불같이 화를 내고 뒤돌아서면 아무 일 없었다는 듯한 표정으로 반갑게 인사하는 사람을 가리킨다. 하지만 이 규정은 바뀌어야 한다. '진정으로 뒤끝 없는 사람'은 화를 내기 전에 상대방을 배려한다. 화를 내야 하는 상황이라면 욱하는 게 아니라, 그 일에 대해서만 분노한다. 그리고 돌아서면 진심으로 사과하는 사람이다. 나의 화염으로 상처를 입은 상대방을 헤아리면서 말이다. 이것이 '진정으로 뒤끝 없는 사람'이 되어야 하는 이유다.

진정으로 뒤끝 없는 사람이 되기 위한 방법 몇 가지를 소개하겠다.

첫째, '나는 원래 이런'이라는 생각 자체를 지워야 한다. 외향적이든 내성적이든 그것은 개인의 속성이다. 서로 배려해야지 남에게만 배려를 요구할 수는 없다. 자신은 상대방에 대한 배려가 전혀 없으면서 상대방은 '원래 이런 나'를 이해해야 한다고 믿고 마구 내질러버린다든지, 자신감이 결여된 모습을 자기 본성인 것처럼 여겨 움츠리는 태도를 멈추어야 한다.

둘째, 다름을 인정해야 한다. 다름에서 나온 차이를 이해하지 못하고 마치 내가 상대방보다 우월한 것처럼 으스대는 것은 부끄럽고 민망한 일이다. 불같은 성격이든 수줍음을 잘 타는 성격이든 그것은 좋고 나쁨의 문제가 아니라 단지 상황에 따른 대처의 문제일 뿐임을 이해하라.

셋째, 역지사지하라. 어린아이도 아는 단순한 진리이지만 실천하기는 어렵다. 하지만 노력해야 한다. 그러면 시간이 지날수록 내공이 생기면서 아름다운 중년이자 따뜻한 인생 선배로 남을 수 있을 것이다.

사람과 관계 맺는 일은 매우 중요하다. 그러려면 개인의 고유한 속성을 이해하고 그에 맞게 처신해야 한다. 같은 시대를 살고 같은 문화를 향유하는 우리는 서로 배려하면서 미래의 문명과 사회를 함께 일구어가야 한다.

집요함과 성실함만으로도 충분하다

『꿈이 있는 거북이는 지치지 않습니다』. 개그맨 김병만이 쓴 에세이집 제목이다. 그는 이 책에서 자신의 네 가지 원칙을 말한다. "가진 건 꿈밖에 없습니다." "될 때까지 합니다." "쉬지 않고 했습니다." "기어서라도 가겠습니다."

그는 이 원칙에 따라 외롭고 힘들고 지치지만 죽을 각오로 노력했고, 그리고 노력에 따른 큰 결실을 맺게 되었다. 그는 지독하게 성실한 구사일생의 달인이면서도 마음이 참 고운 사람이다. 나는 그의 책에서 "연기자로서 나의 꿈은 희극 배우이지만, 아들로서의 꿈은 어머니를 기쁘게 해드리는 겁니다"라는 구절을 읽으며 이러한 점을 느꼈다.

김병만의 코미디를 어떤 이는 '몸 개그' 또 어떤 이는 '슬랩스틱 코미디'라 부른다. 그의 스타일이 어떻게 불리든 그가 짐승 같은 성실함과 무서운 실행력을 가진 개그맨임은 틀림없다.

⚓ 집요함으로 승부하라 ⚓

중년의 나이에 가장 많이 하는 고민은 무엇일까? 아마도 '남은 인생을 어떻게 살지?'가 가장 큰 비중을 차지할 것이다. 이것은 혼자만의 문제가 아니기에 고심이 더욱 깊어진다. 우선 아이들 교육이 큰 부담이다. 안간힘을 써서 대학까지 졸업시켜도 끝나지 않는다. 결혼을 시키려면 기둥뿌리를 뽑아야 할지도 모른다. 이렇게 앞길이 구만리인데 현실이 암담하다. 직장생활을 언제까지 할 수 있을지, 구조조정의 칼바람을 피할 수나 있을지 걱정스럽다. 퇴직 후 미래를 생각하면 아찔할 뿐이다.

회사에서 구조조정 이야기가 나올 때마다 정신이 번쩍 든다. 외국어 학원이며 바리스타 학원, 부동산 학원 등에 등록해서 공부에 열을 올린다. 그런데도 속 시원한 해결책이 보이지 않는다. 퇴사 후에 무엇을 하겠다고 특별히 정해놓은 것도 없다 보니 고민만 늘어간다. 책 속에서 돌파구를 찾을 수 있을까 해서 가끔씩 서점에 들른다. 판매하고 있는 자기계발서는 온통 나를 위한 책인 것 같다. 몇 권을 사 들고 오지만 책장 구석에 꽂혀 먼지만 쌓여간다. 별로 하는 것도 없는데, 바쁘기는 정신없이 바쁘다. 왜 이런 일상이 반복되는 것일까?

그것은 바로 집요함이 없기 때문이다. 한 곳을 정하고 그곳만 바라보고 그곳만 생각하고 그곳만을 공략하는 집요함이 없었기 때문이다. 선택과 집중을 통해 한 방향을 정하고 그곳을 향해 짐승 같은 성실함으로 집요하게 실행해야 하는데, 그렇게 하지 못하는 것이다.

⚓ 퇴준생의 성실함은 다르다 ⚓

직장과 가정, 사회는 사람들에게 성실할 것을 요구한다. 성실함의 사전적 의미는 '정성스럽고 참되다'이다. 한마디로 착실하다는 이야기다. 그러나 미래를 도전하는 퇴준생에게 성실함의 의미는 다르다. 집중력과 집요함이 성실함의 관건이다. 오목렌즈에 빛의 초점을 모으면 종이가 타는 것처럼 선택된 일에만 집중해서 실행하는 짐승 같은 성실함이 필요하다.

만약 짐승에게 성실함을 요구한다면 그것은 어떤 것일까? 짐승은 단순하다. 배가 고프면 먹이를 찾아다니고 배가 부르면 휴식을 취한다. 사냥을 할 때는 오직 먹잇감 하나에 집중하지만 사냥이 끝나면 아무 일 없다는 듯 늘어지게 잠을 잔다.

짐승 같은 성실함은 먹잇감을 선택하면 옆에 무엇이 있든 거들떠보지 않고 오직 한 가지 목표를 향해 전력 질주하는 것이다.

중년에 짐승 같은 성실함을 기르기 위해서는 무엇을 해야 할까?

첫째, 꿈이 있어야 한다. 아무리 나이를 먹어도 꿈이 있는 사람은 행복하다. 꿈을 꾸는 사람은 현실을 힘들어 할지언정 좌절하거나 포기하지 않는다. 꿈은 에너지요 기쁨의 원천이다.

둘째, 근성 있는 인내심이 필요하다. 짐승은 먹잇감이 사거리 안에 들어올 때까지 끈질기게 기다린다. 기다린 먹잇감이 가까이 오면 딱 그놈만 보고 뛰기 시작한다. 사람 역시 마찬가지다. 한 가지를 끈질기게 물고 늘어지는 근성이 있어야 한다.

셋째, 일이 끝나면 미련 없이 떠난다. 짐승이 사냥감을 배불리 먹으면 미련 없이 그 자리를 떠난다. 다음 장소가 어디든 그 자리에 미련을 두지 않는다. 예전이 어떠했든 떠나야 할 시간이 되면 미련을 두지 말아야 한다. 영광스런 자리였든 상처뿐인 자리였든 떠날 시간이 되면 미련 없이 떠나야 한다. 공연히 미적미적해봤자 꼴만 우스워진다. 짐승 같은 성실함은 과거에 미련을 두지 않고 오직 새로운 먹이를 찾아 떠나는 것이다.

아직 꿈꾸기를 포기하지 마라

선배 한 분이 퇴직 후 프랜차이즈 빵집을 운영했는데 1년을 넘기지 못하고 문을 닫았다. 나는 '그냥 장사가 안 되서 문을 닫았겠지'라고 단순하게 생각했었다. 그런데 실제로는 타격이 꽤 컸다. 개업 직후부터 매상이 형편없어 이 돈 저 돈 끌어 썼고 주식투자에서도 큰 손실을 보았다고 한다. 결국에는 집까지 경매로 넘기고 말았다.

나는 폐업한 선배가 이사한 집을 찾아갔다. 그 집은 변두리의 달동네에 있었다. 방 안에 들어서자 쾌쾌한 냄새가 코를 찔렀다. 벽지는 다 낡아서 군데군데 곰팡이 핀 자국도 보였다. 방 안은 어두침침해서 한낮인데도 불을 켜지 않으면 안 될 정도였다. 정원까지 달린 넓은 집에서 남부러울 것 없이 살던 사람이 퇴직 후 단 한 번의 실패로 노후를 달동네에서 지낸다고 생각하니 마음이 찡했다.

선배를 모시고 밖으로 나갔다. 늦은 점심을 먹으러 작은 식당에 갔다. 밥을 먹으면서도 선배는 별 말이 없었다. 나 역시 무슨 말로 위로할 수 있을지 난감한 처지라 잠잠히 있었다. 얼마나 지났을까. 선배가 마침내 입을 열었다. "사실 부도도 났지만, 이혼도 했어." 나는 뜻밖의 말에 소스라치게 놀랐다. 부도에 이혼이라니….

선배에게서 퇴직 후의 구구절절 긴 사연이 한숨과 함께 쏟아졌다. 퇴직해서 몇 달은 푹 쉰다는 생각에 그동안 맘 편히 한 번도 해보지 못한 여행도 하며 시간을 보냈다고 한다. 하지만 얼마 지나지 않아 일 없는 일상이 고통으로 다가왔다. 그래서 주변의 반대를 무릅쓰고 빵집을 열었다. 하지만 지독하게 장사가 안 되었다. 거액의 빚을 졌고, 집이며 남은 재산을 모두 빚 갚는 데 다 썼다. 사업에 실패한 좌절감 때문에 짜증이 늘어났고 잦은 부부 싸움 끝에 결국 이혼하게 되었다고 한다.

"선배, 그래도 궁상맞은 생각은 하지 마. 분명히 길이 있을 거야. 신은 다시 일어서는 법을 가르치기 위해 쓰러뜨린다고 했거든. 신이 순서를 어길 수는 없잖아? 순서에 입각해서 선물을 주기 전에 고통을 먼저 주신 거야." 위로할 말을 찾지 못해 끙끙대던 내가 겨우 한마디 건넸다. 그렇게 궁색한 위로를 남기고 우리는 헤어졌다.

돌아오는 내내 선배의 안쓰러운 모습이 머릿속을 맴돌았다. 그때 한 가지 생각이 스쳤다. '그래, 책을 선물하자.' 나는 곧바로 서점으로 가서 2권의 책을 사서 선배에게 택배로 보냈다. 장영희의 에세이 『살아온 기적, 살아갈 기적』과 C. M. 브리스톨의 『신념의 마력』이었다.

『살아온 기적, 살아갈 기적』을 쓴 장영희 작가는 지금은 고인이 되었다. 그녀는 목발에 의지하지 않고는 단 한 걸음도 옮길 수 없는 장애를 안고 있었으며 오랜 암 투병을 하면서도 따뜻한 글로 세상에 희망을 전했다. 체험에서 우러나온 일상의 이야기를 부드럽지만 힘찬 문맥으로 전달함으로써 읽는 이들에게 희망의 에너지를 주었다. “아파서, 힘들어서, 너무 짐이 무거워서 어떻게 살까 노심초사했고 고통의 나날이 끊이질 않을 것 같았는데 결국 하루하루를 성실하게, 열심히 살며 잘 이겨냈다”는 고백이 몹시 인상적이다.

『신념의 마력』은 절망 속에서도 자포자기에 빠지지 않고 ‘꿈은 꼭 이룰 수 있다’는 신념을 가져야 한다고 말하는 책이다. 신념 속에는 순수하고 독창적인 마력이 있으며, 무한한 힘을 주어 소망하는 것이 무엇이든지 실현시켜줄 것이라고 가르친다.

그런데 나는 이 책을 읽으면서 저자가 빠뜨린 것이 하나 있다고 생각했다. 바로 꿈이다. 꿈을 가질 때, 그 꿈을 이루기 위한 간절한 목표를 가질 때 신념의 마력이 생긴다고 믿는다.

인생을 살다 보면 죽고 싶을 정도로 힘들 때가 있다. 그럴 때 보통 사람은 “고통스럽다”고 신음한다. 하지만 오히려 흥얼거리며 “이것 또한 하나님이 주신 선물”이라며 그 고통을 가슴에 안는 사람도 있다. 그 차이는 ‘꿈’에 달렸다고 생각한다.

⚓ 꿈꾸는 중년의 삶이 아름답다 ⚓

젊었을 때의 꿈은 자신을 이끌어주는 등불이다. 캄캄한 망망대해에서 길을 잃지 않고 목표를 향해 나아가게 하는 희망의 등대다. 인생 2막에 꾸는 꿈은 이와는 좀 다르다. 진정으로 하고 싶은 일이 있을 때 무모한 도전보다는 합리적인 선택을 하도록 해준다. 자신의 능력에 맞는 일과 하고 싶은 일의 균형점을 잃지 않도록 붙잡아준다. 그러면서 꾸준히 노력하며 나아가도록 에너지가 되어준다.

인생 2막의 새로운 꿈을 가꾸면서 살아가는 중년과 꿈도 없이 살아가는 중년의 삶 사이에는 엄청난 차이가 있다. 꿈을 가진 중년의 노후는 행복이지만 꿈이 없는 노후는 하루하루 연명하는 삶이 될 확률이 높다. 인생 2막의 꿈을 가지면 내가 그 꿈을 향해 노력하는 것 같지만 실은 그 꿈이 나를 이끌기 때문이다.

비행기가 비상할 때 걸리는 시간은 3분 남짓이다. 그러나 이때 전체 에너지의 절반 가까이를 사용한다고 한다. 땅에서 하늘로 순식간에 날아올라야 하기 때문이다. 그러나 일단 하늘 높이 날아 고도를 유지하며 비행할 때는 기류나 바람의 힘을 이용하기 때문에 아주 적은 에너지를 소모한다고 한다.

꿈 또한 마찬가지다. 내가 어떤 꿈을 가지고 비상할 것인가에 온 힘을 쏟아야 한다. 적당한 꿈은 꿈이 아니라 그냥 희망 사항일 뿐이다. 만약 큰 고민 없이 꿈이 생겼다면 그것은 백일몽이 될 가능성이 높다. 꿈꾸는 것에 자신이 가진 모든 힘을 쏟아부어야 한다.

책을 보내고 사나흘 뒤 선배로부터 전화가 왔다. "고마워. 큰 힘을 얻었어. 그런데 무엇부터 시작해야 좋을지를 모르겠어."

나는 선배와 만날 약속을 잡았다. 따뜻한 차 한잔을 대접하며 이렇게 이야기했다.

"선배, 지금 무엇을 해서 얼마를 버느냐가 중요한 게 아니야. 선배가 가장 먼저 할 일은 꿈을 가지는 거야. 선배만의 간절한 꿈을…. 젊었을 때의 꿈은, 꿈이라기보다는 희망 사항이 대부분이지. 획일적이고 일방적인 교육 탓이지만. 그러니 중년에 다시 꾸는 꿈이 진짜 꿈이야. 우선 꿈을 꿔야 돼. 간절한 꿈을. 그러면 다음 답은 자연스럽게 나오게 되어 있어. 목표도, 실행 방법도."

당장 생계가 걱정이고 차라리 죽는 게 더 편하겠다는 심정인 선배에게 꿈을 갖고 꿈을 꾸라는 조언은 현실과 동떨어진 엉뚱한 이야기일 수도 있다. 그리 상황이 나쁘지 않은 수많은 사람들조차 꿈을 포기한 채 살아가는 세상이 아닌가. 하지만 선배는 진지하게 내 말을 들었다.

"그 꿈을 찾으면 전화해. 옆에서 도와줄게."

내가 격려의 말을 하자 한참을 허공만 응시하던 선배가 입을 열었다.

"그래, 후배 말이 맞아. 그동안 열심히 살았을 뿐이지. 진짜 꿈이 없었네? 도대체 나는 어떻게 살아온 거지."

선배는 나의 어깨를 툭 치면서 일어났다. 그는 그날로 짐을 꾸렸다. 그리고 어머니 산소가 있는 시골로 내려갔다. 못난 아들을 끔찍이 사랑해주시던 어머니 곁에서 오늘도 선배는 버섯을 키우고 있다.

내가 오늘
이 자리에 있는 것은 행운이다

실수를 저지르거나 잘못한 일이 있을 때면 나 혼자 이렇게 중얼거리곤 한다. “사람이 하는 일인데, 그럴 수도 있지. 실수도 가끔 해야지. 너무 완벽하면 사람에 대한 예의가 아니지.”

일종의 자기 위안이다. 이미 일이 잘못된 것은 어쩔 수 없다. 그런 상황에서 나마저도 스스로를 비난하는 것은 나를 너무 불쌍하고 비참하게 만든다. 원래 내 모습은 이것이 아닌데, 별것 아닌 실수에 스스로 욕하는 건 바람직하지 않다.

실패로 인해 내가 망가졌을 때 나와 함께한 파트너, 믿고 의지하는 가족은 어떻게 해야 하나? 당연히 감사해야 한다. 그들 덕분에 그나마 그 정도 실수에서 그칠 수 있었다. 또 그들이 있기에 다시 용기를 낼 수 있다. 아무리 생각해보아도 그들이 곁에 있는 것은 큰 행운이다.

이와는 반대로 예상보다 좋은 결과를 내거나 만족스러운 행동을 했을 때에는 이렇게 혼잣말을 한다. "내가 이 정도까지 할 수 있었던 것은 내 파트너와 가족들 덕분이다. 그들이 아니었다면 턱도 없는 일인데, 참으로 감사하다. 이런 것을 보면 역시 나는 행운아다. 나는 가능성이 높다. 어떻게 그렇게 잘할 수 있었을까? 기본이 멋지기 때문일 것이다. 난 내가 해낼 것을 진즉에 알고 있었다. 나는 나를 믿는다."

파트너와 가족에 대한 감사와 함께 스스로를 칭찬한다. '일이 잘 풀린 것은 하나님의 은혜인 동시에 조상님 덕이고 운이 따라주었기 때문이다. 내가 잘나서 그렇게 된 것은 아니다'라고 생각하면서 스스로에 대한 칭찬에 인색하지 않는다. 고래도 칭찬을 들으면 춤을 춘다는데, 하물며 인간이야 더 말할 필요도 없다.

⚓ 행운의 사나이 ⚓

'운'이란 게 무엇일까?

정말 천운이라는 게 존재할까? 이 질문에 어떻게 답하느냐는 전적으로 자기 자신에게 달려 있다. 나는 기본적으로 '운'에 의지해서는 안 된다고 생각한다. 특히 사회 활동이나 기업 경영을 하면서 운을 기대하는 태도를 가져서는 안 된다. 합리적인 결정이 필요한 상황에서 운을 변수로 생각하거나 일이 잘못되었을 때 합당한 이유를 찾기보다 운이 없음을 한탄하게 되기 때문이다.

나는 번번한 학력도 없고, 자랑할 만한 특별한 재주도 없다. 고래

심줄 같은 연줄이나 화려한 스펙도 없다. 그럼에도 나는 "나는 행운아다"라는 말을 입에 달고 다닌다. 이런 나에게 친구 한 명이 물었다.

"너는 진짜로 네가 행운아라고 생각하냐?"

"물론이지. 나 같은 행운아도 보기 힘들던데."

"아, 미치겠네. 네가 행운아면 나는 행행행운다."

"물론이지. 너 같은 행행행운아도 드물 거야."

나는 친구의 두 눈을 똑바로 쳐다보며 말했다.

"친구야, 내 행운의 시작은 역경이야. 너도 잘 알지만, 나는 나보다 더 가난한 가정에서 살아본 사람은 별로 못 봤어. 그래서 어렸을 때는 세상에서 가장 불쌍한 사람이 우리 가족인 줄 알았지. 그것이 항상 불만이었고, 내가 성인이 될 때까지 그랬을 거야. '하나님, 나를 왜 이렇게 가난하고 불쌍한 집에 태어나게 했나요?' 그렇게 불평불만으로 어린 세월을 보냈어. 하지만 성인이 되어서야 그것이 결코 불행이 아님을 알게 되었어. 역경이 있었기에 이를 극복하는 용기와 힘을 기를 수 있었지. 이제는 어린 시절의 역경이 오히려 웬만한 어려움은 웃으면서 거뜬히 넘길 수 있는 정신력과 체력의 원천이 되었지. 이것이 얼마나 큰 행운이야!"

⚓ 행운아는 스스로 만들어진다 ⚓

나를 포함한 대부분의 사람이 자신이 겪는 어려움이 가장 고통스럽고 견디기 힘들다고 느낀다. 그러나 그것은 착각이다. 신이 아닌 이상 인간은 누구나 힘들고 고통스런 시간을 지나게 되어 있다. 갑부는 갑부대로, 거지는 거지대로 어렵고 힘든 일들과 마주치면서 살아간다. 그러므로 다른 사람이 만든 올가미에 스스로 자신을 가두지 마라.

오늘의 어려운 상황은 나를 한 단계 더 성장시키고 업그레이드시킬 수 있는 행운의 씨앗이다. 힘든 일이 닥치면 '어! 또 새로운 경험을 얻게 하시는군. 한번 해보자'라며 흔쾌히 받아들이면 된다. 역경은 더 열심히 살라는 신의 계시이지 두려움을 가지라는 신의 계시는 아니다.

매일 삶에 충실할 때 두려움은 이미 두려움이 아니다. 삶에 닥친 여러 가지 어려움을 슬기롭게 극복하고 오늘 하루를 가치 있게 사는 것이야말로 미래를 위한 가장 이상적인 준비다. 무엇보다 스스로를 행운아로 만들어야 한다. 행운아는 스스로 만들어지기 때문이다.

나에게는 나를 행운아가 되도록 이끌어주는 지도자가 있다. 그는 영원한 내 편이다. 세상 사람 모두가 나를 비난하더라도, 주변 사람들이 나를 욕하고 떠난다 해도 그는 결코 나를 배신하지 않는다. 그는 내가 부르면 언제나 곧장 달려와 나를 안아준다. 힘들고 고통스러울 때나, 기쁠 때나 슬플 때나 그는 나의 곁에서 언제나 항상 함께한다. 나는 그를 저녁마다 만난다. 바람이 불든지 억수 같은 비가 오든지…. 그는 바로 나 자신이다.

나오며

나에겐 여전히 이루고 싶은 꿈이 있다

지금까지 나는 이 책에서 5년 후 퇴직을 준비할 때 생각해야 할 것들에 대해 이야기했다. 이 책의 주제에 관심을 둔 독자들은 최소한 30대 후반은 넘지 않았을까? 이렇게 조심스럽게 예상해본다. 첫 직장을 잡는 시기가 늦어지는 세대이다 보니 마흔에 가까워서 직장생활 10년차를 맞는 사람도 많을 것이다. 내 경험을 미루어보자면 불혹을 넘으면서 체력은 급격하게 떨어지기 시작했지만, 고용 안전성에 대한 불안감은 커지기 시작했고 돈 쓸 구멍은 하수관처럼 넓어지기 시작했다.

체력은 예전만 못한데 돈벌이가 시원치 않다. 그리고 앞으로 얼마나 더 일할 수 있을지도 예측하기 어렵다. 감가상각이 진행된다고 볼 수 있다. 그리고 시간이 갈수록 감가상각의 속도는 가팔라진다. 시간이 갈수록 나의 가치는 떨어진다. 자신을 풋내기 시절과 비교하면 생각은 성숙해지고 일은 숙련되었으며 언제 닥칠지 모르는 작업 변수에 대처할 노련미도 갖추었는데, 나를 보는 현실은 그렇지 않은 것이다.

그러나 세월이 주는 야속함을 조금 더 견디다 보니 나는 인생에 조금 더 감사함을 느끼게 되었다. 치열하게 버티고 살아낸 사람에게 인생은 보상을 준다. 나는 인생의 2막 이후를 즐길 자격이 있는 사람은 치열하게 살아본 사람, 무언가 독하게 해본 사람이라고 생각한다. 나는 앞서 왜 퇴직을 준비하며 공부를 해야 하는지, 40대 이후에는 더 절박한 심정으로 배워야 하는지를 이야기했고, 그 과정을 감내하는 사람만이 인생 2막에서 새롭게 쓰임이 있는 사람으로 거듭날 수 있다고 밝혔다. 아무것도 없는 내가 그 과정을 견뎌낸 것처럼 이 책을 읽는 독자 여러분도 충분히 그 시간을 버텨낼 수 있을 것이라고 생각한다.

앞에서 나는 2막을 준비하면서 내가 겪은 수많은 시행착오와 더불어 유익한 습관도 공개했다. 여기에 중년 이후의 체력 관리법도 좀 더 세세하게 다루고 싶었지만 여러 가지 사정으로 여의치 못했다. 구체적인 이야기는 다음 기회로 미루게 되었다. 두 번째 책을 쓸 기회가 주어진다면 새로운 시간을 창출하고 이를 습관으로 만드는 방법과 혁명적 변화의 시대에 맞는 독서법 등에 관해 이야기하고 싶다.

나는 30대에 강제로 인생 퇴직을 당하면서 치열하게 살아왔다고 자부한다. 도전의 삶에서 성공보다는 실패가 훨씬 많았던 세월이었다. 한번은 너무도 철저하게 망해서 도망 다니는 처지에 놓이기도 했고 가족이 19평짜리 아파트에서 숨어 살았던 적도 있었다. 대부업자들이 모르도록 다른 사람 명의를 빌려 가족 먼저 이사하게 하고 근근이 생활비를 몰래 전달하며 연명하던 때도 있었다. 하지만 나는 어떤 경우에서도 희망을 잃지 않았다. 절대 포기하지 않았다. 이 시련 또한 지나가는 과정이라고 스스로 위로했다. 또 나는 나 자신에게 위대한 사명을 부여했다. 지금 내 꿈은 위대한 사회교육자가 되는 것이다. 그 꿈은 진행 중이다. 나에게 역경은 마중물이다. 나에게 고통은 신이 나에게 선물을 주기 위한 길 닦기일 뿐이다. 그 꿈을 이루기 위해 오늘도 새벽에 일어나 계획을 세우고 책을 읽고 공부하며, 배운 것을 실행한다. 그리고 이 책이 더 많은 독자에게 전달되어 그들의 꿈을 꽃피우는 데 좋은 씨앗이 되기를 바란다.

졸저를 마감하면서 이 책을 선택한 독자분들께 고마움을 전하고 싶다. 또한 이 책의 출판은 라온북의 도움 없이는 거의 불가능했다. 흔들림 없이 완주하기까지 세심하게 신경을 쓰면서도 낙담하지 않고 초심을 잃지 않도록 도와준 출판사 관계자분들에게도 감사의 인사를 전하고 싶다.

SNS 마케팅 시리즈

임헌수, 최재혁 지음 | 각 권 16,000원

카카오스토리, 인스타그램, 네이버, 구글, 유튜브 지금 가장 뜨거운 SNS 채널 마케팅의 모든 것!

온라인 마케팅은 날로 발전하는 기술의 변화와 시시각각 변화하는 소비자들의 입맛을 잡기 위해 더욱 치열하게 전개될 것이다. 이 경쟁 속에서 살아남기 위해서는 나의 일방적인 메시지를 전달하는 것이 아니라, 디지털 시대에 걸 맞는 채널로 재가공하여 발신해야 한다. 그렇다면 나의 고객은 어떤 온라인 채널에 있고, 그들은 무슨 이야기를 듣고 싶어 할까? 이 시리즈는 모든 온라인 마케터와 사장들의 질문에 답한다. 전문가가 다년간 축적한 온라인 마케팅 핵심 개념을 초보자의 눈높이에 맞게 설명하고 있으며, 특히 홍보에만 주력할 수 없는 대다수 기업의 현실을 적극 반영하여 최대한 간편하고 쉽게 따라 할 수 있는 방법을 함께 소개하고 있어 매우 실용적이다.

직장인 처세 시리즈

황인태 외 지음 | 각 권 13,800원

성과 내고 싶은 직장인, 리더에게 인정받고, 팔로워에게 존경받고 싶은 중간 리더들의 필독서!

평생직장의 개념이 없어지면서 현대의 직장인들이 방황하고 있다. '과연 이 회사에 몸바쳐 일하는 것이 맞을까?' '이 회사에서 얼마나 더 일할 수 있을까?' 헷갈리고 걱정스럽다. 이 시리즈는 '이왕 직장생활을 시작했으니 제대로 한번 해 보자'라고 꿈을 세운 후 회사 생활을 시작하라고 말한다. 어떻게 하면 조직에서 인정받는 핵심인재가 될 수 있을지, 어떻게 하면 성과 내는 중간 리더가 될 수 있을지 궁금하다면, 반드시 이 시리즈를 필독하라!